EL LÍMITE SOY YO

Título original: *Das limit bin nur ich*

© Editorial Pinolia, S.L.

© Jonas Deichmann, Martin Waller y Carsten Polzin, 2023

www.editorialpinolia.es
editorial@editorialpinolia.es

Colección: Sociedad del siglo XXI
Primera edición: enero de 2023

Maquetación: Marta García

Diseño Cubierta: Alvaro Fuster-Fabra

Depósito Legal: M-24146-2022
ISBN: 978-84-18965-55-5

Impresión y encuadernación: QP Quality Print Gestión
y Producción Gráfica S. L.

Printed in Spain - Impreso en España

EL LÍMITE SOY YO

CÓMO LLEGUÉ A SER EL PRIMERO
EN DAR LA VUELTA AL MUNDO
EN UN TRIATLÓN

JONAS DEICHMANN
CON MARTIN WALLER Y CARSTEN POLZIN

Pinolia

Prólogo

Veintiocho grados bajo cero. Me siento en la bicicleta de grava y trato de mover los pedales a un ritmo constante. A eso se le llama pedalear en redondo. Pero aquí no se trata exactamente de eso. El hielo hace tiempo que se ha instalado en todos los rincones del mecanismo, que cruje con cada giro. El aliento aún se congela en mis labios y cuelga en forma de extraños cristales de mi barba. Mis grandes gafas de esquí están completamente empañadas. El sudor se acumula en el forro de la gruesa chaqueta funcional que llevo y supone un poco de refresco para mi piel. Pero sé que sudar a esas temperaturas es una amenaza para mi vida. Llevo horas luchando contra este dilema: no dejar de pedalear, pero tampoco sudar. Estoy constantemente en la cuerda floja: no me puedo esforzar demasiado, pasarme ni quedarme corto. Todo esto está resultando muy exigente.

Pero hoy no tengo nada que perder, todavía no. Cuando me baje de la bici más tarde y empuje la pesada puerta de acero, me encontraré con un día de verano. Más de cincuenta grados de diferencia a pocos metros de distancia.

Me encuentro en la cámara climática de Deutsche Bahn, en Minden, y estamos a mediados de julio. En el contenedor, de setenta y cinco metros de largo, se prueban normalmente los prototipos de los nuevos trenes en condiciones árticas. Hoy yo estoy siendo otro prototipo. Dentro de unas semanas emprenderé mi mayor reto, el triatlón más grande jamás realizado, una prueba de natación, ciclismo y carrera que me llevará a dar la vuelta al mundo. Recorreré ciento veinte distancias de triatlón, lo que equivale a un total de veintisiete kilómetros, veintiún mil de ellos en bicicleta. De ellos no son pocos los que haré en Siberia y en alta montaña, donde en los meses de invierno puede hacer hasta cuarenta grados bajo cero. Y como no quiero morir congelado en una carretera helada de la tundra ártica, me voy a preparar bien y pasaré este día junto al cineasta Markus Weinberg en el que es actualmente el lugar más frío de Alemania. Debe ser el peor lugar para entrenar para cualquier ciclista.

Mi bici, a la que he bautizado cariñosamente como Esposa, está siendo puesta a prueba sin piedad desde primera hora de la mañana. A cambio, hemos obtenido conclusiones muy valiosas: el lubricante comercial que se ha usado durante años es completamente inútil aquí; la cadena salta y la palanca de cambios se queda colgada, y para extraer un neumático pinchado de su llanta casi tengo que romper la rueda de carbono... Así que tendré que mejorar mucho a Esposa para evitar encontrarme con graves problemas cuando recorra Siberia.

Y todo esto, solo mi bici. ¿Cómo reaccionarán mi mente y mi cuerpo en tales condiciones? De momento no puedo ni imaginármelo, todo eso me merece el mayor de los respetos.

Eso sí, me siento bien preparado. Acabo de terminar el ensayo general: un triatlón de treinta y tres días alrededor de toda Alemania. Nadé sesenta kilómetros en el lago Constanza, con una balsa roja anaranjada a cuestas y todo lo que necesitaba: una muda de ropa, un saco de dormir y comida. Tras aquellos cuatro días el sol me provocó una dolorosa quemadura en el cuello y tenía innumerables rozaduras en el cuerpotenía innumerables rozaduras en el cuerpo. Cambié el traje de neopreno por la bicicleta de carretera y recorrí el Rin hacia el norte, en dirección a Frisia. Luego hacia la frontera con Polonia y pasé interminables días bajo una lluvia constante, buscando desesperadamente comida en pueblos cerrados por la pandemia y dejando atrás las tortuosas subidas por el Erzgebirge. El día 18, después de casi tres mil kilómetros en bici, por fin pude ponerme las zapatillas de correr. Con ellas atravesé Baviera en dirección a Königssee y finalmente volví a Lindau por Füssen. En el recorrido tuve altibajos, y aprendí mucho sobre mí y lo que me proponía, en especial que aquel triatlón por el mundo iba a ser más complicada e imprevisible que todo lo que había hecho hasta ahora. He completado dieciséis distancias de triatlón, pero en la acogedora Alemania, con sus perfectas infraestructuras... ¿Podré conseguir hacer ciento veinte, las que me llevarán a cruzar tres continentes?

Me limpio el hielo de la barba con mis guantes de invierno. Pensar en las condiciones que me esperan allí me deja impactado. Esto promete ser un gran reto que exigirá que saque lo mejor que llevo dentro. Sé que todavía me queda mucho trabajo por delante antes de estar realmente preparado. Esta es sin duda la mayor aventura en la que me he embarcado en mi vida. Por el momento solo tengo un objetivo: patear y patear, no tener frío y no sudar. Todo lo demás pronto se verá. Cuando comience en septiembre descubriré de lo que soy realmente capaz.

De una forma u otra.

Sobre los Alpes

A un paso en bicicleta

Llegar a la salida relajado casi siempre me parece la parte más difícil de un desafío. En los últimos días antes de la salida me siento muy estresado. Incluso la misma mañana, después de pasar una noche muy corta, todavía tengo que visitar a mi proveedor para recoger un nuevo saco de dormir y algunas otras cosas. Es sábado, 26 de septiembre de 2020, y estoy de pie en la Odeonsplatz de Múnich, a mediodía. Todo listo.

Justo en el momento de salida, las condiciones atmosféricas han cambiado, cuando hasta ese momento la temperatura era propia del verano. A pesar de los diez grados de la lluvia torrencial, entre setenta y ochenta personas han acudido a presenciar el inicio de mi vuelta al mundo. Además, otros treinta ciclistas han aparecido para acompañarme un poco al principio. La RTL ha acudido igualmente para hacerme una entrevista.

También, por supuesto, se encuentra allí el equipo de filmación que rodará un documental sobre el viaje. Contesto a unas cuantas preguntas y enseguida nos vamos. Dentro de un año quiero estar aquí de vuelta. Durante los últimos meses han bullido en mi cabeza miles de cosas, he estado lleno de emoción y expectación, pero, ahora que por fin todo empieza, nada de eso importa ya. Solo siento un gran cosquilleo dentro de mí: la sensación de libertad.

Nieve en las montañas

Al salir de Múnich, tomo mi antigua ruta de entrenamiento a través de Perlacher Forst. De camino hacia el sur, los ciclistas que me acompañan se van quedando atrás. Por la noche, solo me acompañan mi hermano Siddy y el cineasta Markus Weinberg. Enseguida el primer inconveniente: tenemos que cambiar la ruta prevista. Mi plan era atravesar el Tirol y la carretera alpina del Grossglockner. Me encantan los puertos de montaña y pasar la carretera del Grossglockner sería una auténtica maravilla: la subida, larga y exigente, apenas se nota ante la majestuosa belleza de los picos circundantes. Pero el paso acaba de cerrarse debido a las nevadas. El mal tiempo de la salida empieza a causar estragos. A eso se suma el virus: unas horas antes, el Tirol ha sido declarado zona de riesgo covid. Es posible pasar, pero cualquier persona que permanezca más de doce horas por el lugar deberá ponerse en cuarentena si quiere volver a entrar en Alemania. No es una opción para mi hermano y Markus, que solo quieren viajar una parte del camino. Así que tenemos que optar por recorre Bayrischzell y la Tatzelwurmstraße —con sus interminables curvas cerradas, un clásico lugar de entrenamiento para cualquiera que vaya sobre dos ruedas—. Llegamos hasta Nussdorf am Inn, todavía en el lado alemán, donde pasamos la noche. Siddy se despide de Múnich a la mañana siguiente. Markus y yo preparamos una nueva

ruta. Es solo el principio y ya tenemos que estar improvisando... Pero ¿quién sabe?, igual es lo mejor.

El domingo comienza con un sol prometedor. Sin embargo, siento un escalofrío cuando me subo a Esposa, la noche me ha dejado un poco engarrotado. Hay solo tres grados más. Atravieso el Pongau hasta Radstatt y subo por la Katschbergstraße hasta el Tauernpass (mil setecientos treinta y ocho metros), un poco más al este de lo previsto. La carretera está despejada, pero la nieve me llega hasta la cintura y se está congelando. Decidimos bajar al lado sur durante la noche y allí encontramos un lugar para dormir; pero no en una cama acogedora, sino al aire libre, detrás de una pista de tenis. Instalamos el vivac. Abro mi saco de dormir, reforzado para protegerme del frío, y sobre él coloco una lona impermeable que llamo cariñosamente «saco de vivac». Así nos las tenemos que apañar hoy.

El día siguiente me ofrece un anticipo de lo que me espera en el invierno ruso: lluvia continua en el valle, nieve en las montañas. Nos abrimos paso por el Turracherhöhe, de casi mil ochocientos metros de altura, con diez centímetros de nieve fresca que nos llevan a Carintia. Aquí el termómetro vuelve a subir unos grados. Pero la alegría no dura mucho: el Loiblpass hacia Eslovenia nos desafía con rampas empinadas, del quince y dieciséis por ciento. La lluvia se nos mete en los ojos, a pesar de llevar gafas de ciclista, y los muslos parecen arder.

«Acabo de verle en la televisión»

Un descanso no viene del todo mal. En la frontera entre Austria y Eslovenia hay un puesto de control. El funcionario austriaco se dirige hacia mí, pero no necesita comprobar mi pasaporte, ya sabe quién soy: supongo que habrá visto algún reportaje sobre mí en la televisión hace un rato y por eso me ha reconocido. Es curioso. Quiere charlar un poco, pero, como sigue lloviendo a cántaros, le digo que nos tenemos que ir. Aun así, el descanso es bienvenido.

El tiempo es muy malo y buscamos un hotel para pasar la noche. Pero no es tan fácil. Dos ciclistas empapados vagan sin rumbo por pueblos con tiendas cerradas y escaparates oscuros. No encontramos nada hasta cerca de las diez de la noche.

—Lo siento, la cocina ya está cerrada —nos dicen.

Intentamos no dejar que la desesperación que se está extendiendo por nosotros nos domine. Como parecemos tan hambrientos como en realidad nos sentimos, el propietario se apiada de nosotros y hace una excepción. Se pasea por la cocina durante media hora y finalmente nos sirve una pizza.

Nuestra ropa se ha secado durante la noche y el tiempo ha vuelto a mejorar. Atravesamos rápidamente la capital de Eslovenia, Liubliana, y llegamos a la frontera con Croacia por la tarde. Solo tardamos tres cuartos de día en cruzar la pequeña Eslovenia, demasiado poco para un país tan bello, pintoresco y de una cultura tan apasionante.

Cambio de juego

Croacia nos recibe con sus pequeñas y solitarias carreteras. Tenemos la suerte de encontrar un restaurante en el que llenar la barriga con *ćevapčići*, porque después no habrá oportunidad de conseguir comida durante muchas horas. Las medidas de prevención por el coronavirus apenas se notan aquí: no hay controles, no hay señales. Solo cuando vamos de compras nos ponemos mascarilla. Nuestra ruta atraviesa el parque nacional de Risnjak, en el que entramos directamente tras el paso fronterizo de Čabar. Más de sesenta kilómetros cuadrados de impresionante paisaje kárstico en medio de las montañas.

Desgraciadamente, no vemos mucho, porque ya está oscuro. De repente, reconozco que algo grande hay sobre la carretera, justo delante de mí. ¡Me voy a chocar con él! Tengo que frenar a fondo. Es un ciervo, que se queda a solo tres o cuatro metros de mí. A la velocidad que íbamos habría sido una colisión desagradable. Pero podría haber sido peor, haberse tratado de un oso, hay muchos osos por aquí.

Esta noche también tenemos que buscar bien un lugar adecuado para dormir. No queremos tumbarnos en el desierto, hay osos, como ya he dicho, y además niebla y humedad, aunque de momento no llueve. El saco de dormir se mojaría inmediatamente, a pesar del saco de vivac. Y no serviría de mucho intentar montar la nueva tienda por primera vez en la oscuridad. Así que seguimos conduciendo hasta llegar a Lokve, un pequeño pueblo de la sierra que vive del turismo en verano. Aquí encontramos un refugio improvisado en una parada de autobús, agradable y tranquilo. El primer autobús no sale hasta las diez de la mañana.

En el Mediterráneo

A esta hora ya estamos atravesando de nuevo el frío paisaje montañoso. De repente, hace un sol agradable. Podemos sentir literalmente que nos acercamos a las costas del Mediterráneo, porque el paisaje se vuelve claramente mediterráneo. Tras el último paso de ochocientos metros, descendemos en zigzag hasta el Adriático, al que llegamos en Senj. Los sesenta y cinco kilómetros restantes por la hermosa carretera costera hasta Karlobag son un puro placer. Rodamos por un asfalto seco como por una pista de aterrizaje. Es evidente que la temporada turística ha terminado por culpa del coronavirus: no hay tráfico ni gente en las carreteras, ni un solo barco en el agua.

Récord de natación en la costa croata

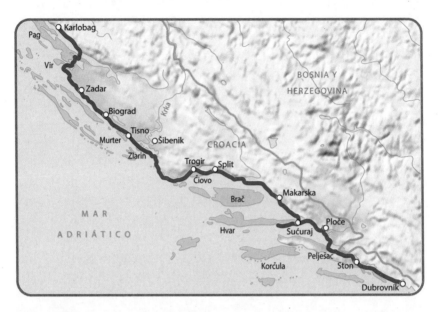

El Adriático no es una bañera

Karlobag es el final de la primera parte de mi viaje en bicicleta. Al mismo tiempo significa despedirme de Markus por el momento, se va a su casa. Ya no volveré a verlo hasta dentro de unas semanas. A partir de ahora tocará nadar. Dos amigos que conozco de Noruega me esperan en la pequeña ciudad con una caja para meter mi bicicleta. La empaquetarán y me la enviarán por correo a Dubrovnik, donde me volveré a montar en ella después de cuatrocientos sesenta kilómetros de natación. Esto requiere empacar la bicicleta y el equipo de ciclismo, y preparar el equipo de natación que me ha llegado, con una balsa y un traje de neopreno. Todo esto me llevará su tiempo. Por lo tanto, debo pasar otra noche en Karlobag. Esa noche no duermo bien, estoy demasiado nervioso. La natación es la disciplina en la que tengo menos experiencia. Me tendré que tirar al agua dentro de unas horas y lo único que hago es dar vueltas en la cama y mirar el techo.

El 1 de octubre de 2020, sexto día de mi viaje, salto del muro del muelle de Karlobag, todavía un poco aturdido, y hago los

15

Swimpacking - mi equipo en el mar Adriático

- Balsa Ortlieb (mochila impermeable y flotante) y bolsa de diseño especial.
- Banderas para que se me vea mejor en el agua.
- Dos botellas de agua en los bolsillos exteriores abiertos (para poder beber mientras nado) y una botella de agua de reserva en la mochila.
- Otra botella de agua en la mochila.
- Bolsillo exterior con cierre.
- Saco de dormir de plumón ultraligero, guardado en otra bolsa seca, no debe mojarse en ningún caso.
- Estera de dormir fina, bolsa de vivac de emergencia.
- Bolsa seca flotante adicional para la comida, en caso de distancias más largas con mala situación de abastecimiento. Se tira detrás de la balsa con un cabo y ralentiza considerablemente el avance.
- Tazón de comida de silicona, plegable, combinación de cuchara y tenedor de titanio. Sin cocina porque es demasiado pesada.
- Aparatos electrónicos en bolsa seca separada: pequeño banco de energía, faro, teléfono móvil.
- *Lifetracker*.
- GoPro con dos asas diferentes, una para el agua y otra para la tierra.
- Traje de neopreno con bolsa pequeña, gorro y gafas de natación.
- Pegamento para reparar el neopreno.
- Artículos de aseo (como pasta de dientes), mucha protección solar, crema para la piel para las rozaduras del neopreno.
- Un conjunto de ropa: pantalón, camisa con cremallera, zapatillas deportivas ligeras, chanclas.

primeros metros de natación hacia el sur. Junto a mi balsa especial, tiro de otra bolsa impermeable detrás de mí en la que llevo comida extra. La próxima oportunidad de comprar está a solo treinta y cinco kilómetros. Consumo bastantes calorías al día y necesito tener un suministro suficiente de alimentos.

Al cabo de unas horas, el cansancio se desvanece y me acoplo a mi propio ritmo, tranquilo. Solo hay unas pocas olitas agitándose a mi alrededor. El sol calienta mi traje de neopreno, me siento como de vacaciones. Hasta cerca del mediodía no avanzo mucho, pero entonces noto que hay bastantes microcorrientes a lo largo de la costa, especialmente frente a las bahías, y tengo que luchar con ellas una y otra vez. Puede que el Adriático no sea un océano, pero es un mar de verdad, y nadar aquí

es muy diferente a chapotear en el lago Constanza. Me cuesta mucho lidiar con estas corrientes.

Por la tarde hay viento en contra del sur, lo que me hace muy difícil continuar; sin embargo, tengo que seguir nadando, porque estoy frente a un acantilado infranqueable en el que no puedo desembarcar. Continúo luchando hasta el anochecer, pero, como amenaza con oscurecer de verdad, no tengo otra opción: me salgo del agua por una roca y subo con cuidado el empinado terraplén hasta encontrar un lugar donde dormir en la cima. En la oscuridad, solo y sin barco de escolta, hoy no puedo ir más lejos. Me acurruco contra una roca en mi saco de dormir y miro el oscuro mar. No es así como me había imaginado el comienzo de la natación, pero es lo que está ocurriendo, es mi aquí y ahora.

Viento en contra

La mañana siguiente no comienza de forma muy favorable: un feroz viento del sur azota el mar y, según la previsión meteorológica, seguirá así durante un tiempo. Nadar en estas condiciones, especialmente con la balsa a cuestas, es imposible. Prefiero que me lleven hacia atrás. También me he quedado sin agua potable. Así que arrastro la balsa con todo mi equipo hasta la carretera de la costa. Me desgarro la planta del pie con las piedras que piso, de bordes afilados. Me duele mucho, pero no sirve de nada quejarse: tengo que volver a Karlobag para abastecerme de nuevo. No tengo más remedio que esperar a que mejore el tiempo. Me instalo provisionalmente en las afueras de Karlobag bajo el toldo de una cabaña vacía de la playa. Empezar así me frustra bastante. Tengo que admitir que he subestimado mucho lo que significa nadar en el mar. Mi preparación fue en agua dulce, sin corrientes, sin olas altas. Trasladado a una bicicleta, es como entrenar para una travesía de los Alpes en terreno llano y con viento de cola. También tengo la presión del tiempo: cada día que pase sin cruzar, se acercará más el invierno, hará más frío y aumentará el peligro de tormentas. Si el tiempo es así ahora, ¿cómo estará al final del verano?

Después de dos días de descanso forzado, finalmente continuamos. Me cuelgo la balsa por su correa al hombro, vuelvo al lugar donde me salí del agua y me dejo deslizar. Ahora sí me veo con fuerzas de seguir adelante. Nado a lo largo de la escarpada costa del canal de Velebit, que separa la isla de Pag del continente. El agua es cristalina, pero estos días son muy difíciles, una lucha constante contra el viento y las corrientes. No consigo hacer más de ocho, como mucho diez kilómetros al día. También es difícil encontrar comida y agua potable, porque todo está cerrado: es final de temporada, y además está el coronavirus y todo lo que esto conlleva. También es complicado encontrar lugares para dormir. La costa es rocosa y desnuda. Duermo al aire libre en un saco de dormir, sin tienda de campaña. Que me despierte la lluvia todas las noches me quita fuerzas. Una vez me acosté en un bote que encontré bajo un puente. Al menos estaba seco y pude dormir toda la noche. Un rayo de esperanza son los lugareños que a veces veo en la orilla. Todos son muy amables: una y otra vez me dan agua, incluso comida. Supongo que les da pena de ese pobre hombre mojado y su extraña balsa.

La primera travesía

No puedo seguir nadando en línea recta, tengo que rodear el cabo donde se encuentra la ciudad de Zadar. Esto significa cambiar el rumbo noventa grados a la derecha, cruzar a la isla de Pag en alta mar y luego tomar un pasaje que lleva entre la punta sur de Pag y la punta norte del cabo. Ambas, la punta sur y el cabo, se extienden en varios brazos, por lo que hay dos bahías con varios islotes para nadar. Estas prometen algo de variedad, porque al menos hay algo que ver aparte de las olas danzantes. Al final de la segunda bahía, volvemos a girar a la izquierda, en la isla de Vir, y nos dirigimos por la costa suroeste del cabo hacia Zadar.

A última hora de la tarde del 5 de octubre, me atrevo a cruzar el canal de cinco kilómetros de ancho que separa el continente de Pag. De todos modos, mudarse solo a kilómetros de la costa segura no está bien, va en contra de todas las reglas de la natación segura en aguas abiertas y del sentido común. Aquí también me he puesto en marcha demasiado tarde. Pongo toda mi fuerza en acción y me abro paso a largas brazadas. Pero el sol ya se ha ocultado, el atardecer se está convirtiendo en noche con demasiada rapidez. Cuando está completamente oscuro, todavía estoy a unos dos kilómetros de la costa.

Es una sensación terrible. Nadar en plena oscuridad me pone fuera de mi zona de confort. Cuando estoy en la bici, que sea de noche no es problema; de hecho, en mi viaje de cabo a cabo fue precioso atravesar el Sáhara bajo un cielo lleno de estrellas. Pero en el mar la oscuridad es, por decirlo pronto, aterradora: no puedes ver lo lejos que está tierra firme y además no te das cuenta de si estás siendo arrastrado por una corriente. La profundidad que hay debajo de mí también me parece más abismal que durante el día. A la luz del sol, me fío de las estadísticas y no temo los ataques de las criaturas marinas, básicamente porque son muy raros. Pero la oscuridad es un mundo diferente... A la noche nole importan las estadísticas. En este mundo todo parece posible. Monstruos sin nombre acechan ahí debajo. Siento que estoy en el lugar equivocado.

Cuando finalmente llego a la orilla, estoy completamente agotado. Debo tener mucho cuidado con las rocas de bordes afilados, sin una luz requiere esta tarea de toda la fuerza que me queda. El temido bora azota regularmente Pag, con vientos de hasta doscientos kilómetros por hora. Aquí no crece ningún árbol ni arbusto, solo piedras. El mejor lugar para dormir que he encontrado en la isla es un terreno duro e irregular detrás de

un muro de piedra seca. Por la noche vuelve a llover y mi única protección es mi saco de vivac de emergencia, que me pongo encima. Una noche horrible. A la mañana siguiente, el sol vuelve a brillar. Paso a nado por debajo del puente que conecta Pag con el continente en su punto más estrecho y me dirijo al pueblo de Vlašići, en el lado sureste de la isla, algo protegido del viento. Allí salgo del agua y encuentro un pequeño supermercado abierto. Probablemente no hay muchos compradores que entren con traje de neopreno, así que los ojos del tendero me miran con ojos de mucha sorpresa.

Agua salada, siempre agua salada

No estoy bien. No he comido lo suficiente en los últimos días y el corte que me hice en el pie sigue protestando contra todo lo que se le pone. Además, tengo algunas marcas de rozadura del traje de neopreno. Nada se cura bien en el agua, pero me digo, como si fuera mi propio médico: «Al menos se desinfecta un poco». Lo que es bueno para la piel es malo para el estómago, porque estoy constantemente tragando agua salada. Todo esto deja su huella.

El día siguiente comienza con una tormenta. No me meto en el agua hasta la tarde y tengo un fuerte viento de cola por primera vez, lo que me ayuda, pero también debo luchar contra la corriente y las olas altas.

Quiero meterme por un estrecho hueco que hay entre dos islas de la costa, pero no puedo ver el paso porque hay otras islas detrás, así que todo parece tierra. No tengo más remedio que apuntar más o menos en la dirección correcta y dejarme llevar por el viento. Las olas son tan altas que empiezo a perder el control. Antes de que sea demasiado peligroso, prefiero desembarcar en el siguiente islote y extender mi esterilla y mi saco de dormir, para pasar la noche allí.

El día siguiente por fin empieza un poco mejor. Me meto en el agua a partir de las ocho para aprovechar las condiciones favorables. Según el pronóstico, el viento cambiará en mi contra alrededor del mediodía. Para entonces tengo que estar bajo el

Rutina diaria

Me gusta buscar lugares para alojarme cerca de las ciudades. Allí me tumbo bajo el toldo de un restaurante o de un bar en la playa, la mayoría de los cuales están cerrados en ese momento. Por la mañana me abastezco de comida para ese día en el supermercado. Para desayunar tomo muesli y durante el día productos horneados como burek con queso o cruasanes, además de chocolate y barritas de chocolate. Una naranja cada día para tomar vitaminas.

Desembarco cada dos horas y media o tres, si la ruta lo permite, para comer algo. Las barras de caramelo también funcionan en el agua, cuando no hay olas. Por la noche, me gusta comer en un restaurante, si encuentro uno; si no, voy al supermercado de nuevo. Quedarse tirado en algún lugar de la costa agreste y no tener nada que comer es un peligro que puede traerme bastantes problemas, ya que quemo muchas calorías cada día. Cuando es conveniente, también me permito alquilar una habitación con cama, pero normalmente paso la noche en un saco de dormir en la playa. Siento el frío de la mañana en cuanto salgo del saco de dormir. Me despierto con el amanecer, me como el muesli todavía en el saco de dormir y lo recojo rápidamente todo para seguir nadando. No llevo ropa de abrigo. El peor momento es ponerse el traje de neopreno, todavía mojado del día anterior. Tengo que empezar a nadar cuanto antes para volver a entrar en calor. Me resulta relativamente fácil vencer la voz que me invita a seguir en el saco. ¿De qué me serviría quedarme? Luego seguiría teniendo frío, tendría que ponerme el traje de neopreno y, además, tendría hambre. Como sabéis mis suministros son escasos.

gran puente que une la isla de Vir con el continente, porque a partir de ahí vuelve a haber posiblemente supermercados y quizás mejores lugares para dormir. Con eso, la travesía está hecha y podré seguir la costa de nuevo.

Mi mayor problema no es la natación en sí, sino comer, beber y dormir. Como mi radio de acción en el agua es corto, es muy diferente si encuentro ciudades con restaurantes y tiendas en la costa o no.

Comida caliente y una cama

El 9 de octubre, día 13, llego a la ciudad de Zadar, donde desembarco. Allí me regalo un buen restaurante y una cómoda habitación de hotel. Después de una semana durmiendo a la intemperie y de innumerables litros de agua salada tragada, me permito este lujo, sin un ápice de conciencia culpable. Tras estirar los pies, echo un vistazo al hermoso casco antiguo de la ciudad. Zadar cuenta con varios puertos deportivos y un gran puerto industrial, además de tráfico de transbordadores. Siento un enorme respeto por los barcos. Especialmente las entradas de los puertos son extremadamente peligrosas para los nadadores.

Mucha gente piensa que las medusas y los tiburones son un gran peligro para los bañistas en el mar, pero en realidad el riesgo de encontrarse algo así es muy bajo. Sí, hay tiburones, incluso en el Mediterráneo, pero son pocos ataques de los que se oye hablar, no solo aquí sino... ¡en todo el mundo! —aunque en todos lados los medios de comunicación son sensacionalistas a este respecto, incluso se hacen películas de esto—. Ser atropellado por una embarcación es un peligro mucho mayor, especialmente cerca de la costa.

Al día siguiente consigo pasar a nado por los puertos deportivos (gracias a que la temporada ha finalizado), pero en el puerto industrial capitulo y subo a tierra. Prefiero pasear por el exterior. A través del agua habría sido un baño de quizás diez minutos al estilo ruleta rusa. Desde estos grandes barcos no se ve si hay un nadador en el mar y son demasiado rápidos para

poder esquivarlos. También podría tener problemas con la policía, ya que, por supuesto, está prohibido bañarse aquí. Por no hablar de lo sucia y aceitosa que está el agua.

El paseo por toda la zona industrial con la balsa al hombro me lleva dos horas. Espero que este sea el último gran puerto en el que tenga que salir del agua.

Otra pausa forzada

Poco a poco encuentro mi ritmo, pero el pronóstico del tiempo es que va a empeorar, con mucho viento, truenos y relámpagos. Nado otros diez kilómetros hasta la pequeña ciudad de Sukošan y allí me tomo otro día de descanso. Paso la primera noche en un pequeño parque. Empieza a llover y así no se puede descansar, así que el día 14 me lo tomo de descanso. Fuera el tiempo es horrible. Dentro descanso, me curo las heridas y vuelvo a comer caliente, algo que mi cuerpo acepta con satisfacción.

A la mañana siguiente me meto en el agua. Llevo un ligero viento de cola. En dos días quiero estar en Biograd. Unos amigos que conocí el año pasado en una excursión de bicicleta por Croacia me esperan. Las condiciones no son malas, así que acelero. También encuentro un buen lugar para dormir, bajo un pino, esa noche. De buen humor me meto de nuevo en el agua a la mañana siguiente. El cielo es azul, pero hay un viento constante que sopla del lado de la tierra.

Momento de *shock*

Poco antes de llegar a Biograd, siento una corriente marina y me sobresalto al darme cuenta de que me alejo cada vez más de tierra. No puedo luchar contra esto. A cinco kilómetros de la costa está la isla de Pašman, pero no quiero ir allí. Tras diez minutos a toda velocidad, a duras penas consigo salir de la corriente y permanecer cerca de la orilla durante el resto del día.

—¿Y si la bora te echa al mar —me preguntó un conocido de Múnich poco antes de la salida, medio en serio medio en broma—, ¿qué haces entonces?

—Entonces me tumbo en mi balsa y me dejo llevar a la deriva hasta la siguiente isla, o si se da el caso, a través de todo el Adriático hasta Italia —respondí.

Así que sonrío ligeramente. La realidad no es tan asombrosa. Pero la situación hace que te sientas muy diferente.

Todo sale bien, llego feliz a Biograd. Mis amigos Maria y Milan me reciben calurosamente con una barbacoa y una tarta. El olor de la barbacoa perdura en mí como un dulce sueño durante días, sobre todo cuando tengo que volver a alimentarme de muesli.

Siguen dos días duros con viento en contra, en los que solo consigo recorrer unos pocos kilómetros. Al menos siempre hay pueblos, donde puedo abastecerme. Al atardecer nado hasta una bahía, donde encuentro un campamento, pero está cerrado. Me acuesto con mi saco de dormir en un pabellón abandonado con una maravillosa vista del mar. Me siento como en un hotel de cinco estrellas con ese rumor de fondo. Otra vez esa sensación de felicidad.

Ahora el tiempo está cambiando... ¡a mejor! Es el que tendré en los próximos días. Hace más calor, dieciocho grados, y el viento sopla constantemente del norte, ¡es viento de cola! Avanzo muy bien, pero ahora tengo que calcular bien algunas travesías más largas de varios kilómetros de isla a isla. Es difícil orientarse porque detrás de cada una hay otra y los puntos de referencia son difíciles de ver. Mi vista está a solo diez centímetros por encima de la superficie del agua. Navego con la aplicación, pero solo puedo usar el móvil cuando estoy en tierra, por eso busco un cabo desde tierra y nado hacia él. Sin embargo, pierdo la orientación varias veces.

Visita al yate

Paso por el estrecho canal de la pequeña ciudad de Tisno, que separa el continente de la isla de Murter. Ahora tengo prisa, porque la noche siguiente tengo una cita con mi padre y Markus Weinberg, que quieren fondear en una bahía de la isla de Zlarin con un velero. Antes de eso, todavía debo superar un tramo de

cinco kilómetros hasta Zlarin. Aquí hay que tener mucho cuidado con el tráfico de transbordadores que vienen de la ciudad de Šibenik. Mientras el mar está tranquilo, soy bastante visible con mi balsa con bandera, pero por la tarde se levanta el viento y entonces tengo problemas para ver los barcos yo mismo entre las olas.

Cuando me arrastro a tierra, en Zlarin ya está amaneciendo. Tomo un camino sobre un promontorio y me abro paso en la oscuridad a través de la espesura hasta la bahía, donde ya está anclado el velero. Es un espectáculo maravilloso. Hoy en día se puede conocer de forma fiable por GPS casi cualquier lugar del mundo, pero el hecho de que el barco esté realmente donde yo esperaba me parece irreal. Me acogen muy bien y paso la noche a bordo. Por la mañana, recorro la ruta terrestre de vuelta al punto de partida junto con mi balsa y me vuelvo a meter en el agua. El día es hermoso, con un cielo azul brillante, son condiciones de ensueño. Markus y mi padre me acompañan durante un tiempo grabándome en vídeo desde el barco. Me siento bien en general.

Las condiciones no podrían ser mejores ahora: el tiempo es maravilloso, el mar está quieto como una bañera. La euforia me invade. ¿Qué podría ser mejor que nadar aquí y ahora? Pero luego viene otra travesía de seis kilómetros, desde Zlarin hasta una pequeña isla cercana a tierra firme. Sigo sin tener buenas sensaciones al estar tan lejos de la orilla, porque en esta zona nunca puedo estar seguro de si no habrá un viento repentino o si me atrapará una corriente. En caso de emergencia, ni siquiera habría islas en alta mar que pudieran salvarme. Al menos hay pocos barcos en el agua en esta época del año.

En cualquier caso, logro cruzar sin problemas y descanso brevemente sobre las rocas. Tengo que asegurarme de llegar hasta tierra firme, porque el viento se levanta por la tarde y me están llegando unas olas muy feas. Obligo a mis cansados brazos a seguir y llego al atardecer a la pequeña ciudad de Primošten, donde vuelvo a encontrarme con mi padre y Markus, que entretanto han navegado hasta aquí completamente relajados.

Me aseguran una buena comida y una litera suave y cálida para pasar la noche. Me duermo con la sensación profundamente satisfactoria de haber completado hoy doce kilómetros y haber dejado atrás el primer tercio de la distancia de natación.

Las mejores condiciones
Los siguientes días me miman con su buen tiempo, su compañía amistosa y mucha distracción. Mi padre, Markus y otros tres invitados me acompañan durante toda la semana en un yate de vela o en una lancha neumática, tomando fotos. De vez en cuando dejo que me lleven a comer o a dormir por la noche. Cuando salgo del agua, siempre vuelvo a entrar exactamente en el mismo punto.

Pero los días son agotadores. La costa aquí consiste principalmente en bahías profundamente recortadas, lo que a veces requiere varios kilómetros de travesía de cabo a cabo. Afortunadamente, las condiciones son muy buenas en general: entre dieciocho y veintidós grados, el sol brilla y por la tarde se levante viento *foehn*, lo que significa que viene de cola y que solo hay un poco de oleaje.

Ahora puedo afrontar mejor la natación en estas aguas abiertas que al principio. Lo único, que me encuentro a veces medusas que nadan hacia mi cara, lo que provoca encuentros realmente desagradables. Mi barba poblada me protege un poco, pero las zonas donde las medusas hacen contacto, en la frente y las mejillas, arden ferozmente. Bueno, ya tengo suficientes heridas, así que ya no me importa.

Es especialmente edificante vivir las puestas de sol sobre el Adriático por la noche. Es como una recompensa después de un día duro. Has luchado contra las olas, has tragado agua y, a pesar de llevar traje de neopreno, también te has congelado. Al anochecer sales del agua, te pones ropa seca (¡gracias a mi balsa impermeable!) y esperas comer algo enseguida. A veces puedo hacer una pequeña hoguera, a veces me caliento en mi saco de dormir. Y luego el sol se pone sobre el mar azul acero. La piel de gallina. Cada fibra de mi cuerpo disfruta de estos momentos.

Despedida en Trogir

Me estoy acercando a Split, el siguiente hito. Cambié espontáneamente la ruta que había planeado, que era pasar por la isla de Čiovo por el exterior. En el estrecho punto entre el continente y la isla se encuentra Trogir, en cuyo puerto hay mucho tráfico marítimo. Prefiero acercarme a la costa, aunque la ruta sea más larga y pase directamente por el puerto. Los barcos aún no han alcanzado la velocidad máxima aquí y además podría bajar a tierra si fuera necesario. Aquí me despido de la tripulación del velero, ahora volveré a estar solo hasta Dubrovnik.

Hoy pongo una sonrisa en mis labios entre cada dos brazadas. Hay algo que celebrar: después de doscientos kilómetros, he superado el anterior récord del británico Sean Conway de mayor distancia a nado, que estableció en la costa británica en 2016. Pero no es batir récords la primera razón que me ha traído aquí. En cierto modo, eso vendrá por sí solo a lo largo del camino si puedo llevar a cabo todo lo planeado. Sin embargo, esta reflexión me llena de alegría: ¿conseguiré establecer marcas que puedan mantenerse como récords durante mucho tiempo? Ya se verá más adelante. De momento, no he llegado ni a la mitad de la natación.

Las heridas que sufrí en las dos primeras semanas ya se han curado hasta un nivel tolerable, pero la boca y la garganta se me han inflamado por toda el agua salada. Ya no puedo comer nada picante. El primer traje de neopreno está completamente roto y tengo que reemplazarlo. Mi patrocinador se encargará de ello.

Mitad del camino

El día en Trogir comienza con una lluvia torrencial. Me meto en el agua de todos modos, pero, cuando las olas aumentan pasados cuatro kilómetros, es imposible avanzar. Me arrastro de vuelta a la orilla y paso el resto del día en un bar. Es hora de trabajar en las redes sociales.

Afortunadamente, el tiempo se calma al día siguiente. Ahora tengo que pisar el acelerador para llegar a Split. Primero nado a lo largo de la costa norte de Čiovo y luego tengo una travesía de dos kilómetros, con mucho tráfico de barcos por delante, hasta la península en la que se encuentra Split. El tiempo es bueno y me alegro de que el agua esté en calma, para que se me vea fácilmente. Lo estoy haciendo bien, pero he calculado mal el tiempo.

Ya está oscureciendo, muy temprano, y no llego a la ciudad, pero tengo que encontrar un lugar para dormir en la punta de la península primero. El hotel Felsennische... Bueno, ese ya lo conozco. Por la mañana nado el último kilómetro hasta el puerto de Split, pero luego tengo que salir del agua. El viento vuelve a ser tan fuerte que no tiene sentido nadar contra él.

El único turista en la ciudad

Así que cojo una bonita habitación de hotel en Split para dos noches. La consigo por suerte por diez a quince euros la noche. Echo un vistazo al hermoso casco antiguo, donde probablemente soy el único turista en este momento. El descanso le hace mucho bien a mi cuerpo, las heridas siguen curándose. En Split estoy a punto de llegar a la mitad de la natación, hasta parece que ya la he alcanzado.

El 28 de octubre, como el tiempo me lo permite, me lanzo de nuevo al agua y consigo recorrer catorce kilómetros a lo largo de la costa. Sin embargo, por la noche tengo problemas con el hombro. Probablemente también tenga que ver con el hecho de que estoy fuera de ritmo debido al día de descanso. Ahora estoy en lo que probablemente sea la parte más fácil de la natación. Desde Split hay setenta kilómetros hacia el sur, siempre

Trabajo en las redes sociales en movimiento

Para mí es muy importante que el mayor número de personas siga mis viajes, por lo que intento mantener a mis seguidores al día en Instagram, Facebook y Komoot Collections todos los días. Además, de vez en cuando se publican vídeos en mi canal de YouTube y, a través de mi página web: jonasdeichmann.com, se puede saber en directo dónde me encuentro en cada momento. Prácticamente todas las noches, después de instalarme en mi lugar de descanso y comer algo, dedico entre media hora y una hora entera a publicar informes y fotos, a veces vídeos, desde mi teléfono móvil. También respondo a los comentarios de mis seguidores. Cada pocas semanas, cuando tengo tiempo libre, hago una sesión de preguntas y respuestas. Siempre recibo muchas preguntas y no puedo responderlas todas, me llevaría cinco horas. Puedo responder a unas cincuenta preguntas de las doscientas cincuenta que me habrán llegado. Un agradable efecto secundario de esta interacción con mis seguidores es que recibo muchos consejos útiles y que algunos me invitan a visitarlos, algo que hago de buen grado si están en mi camino.

cerca de la costa, que aquí apenas tiene bahías y está protegida del mar abierto por las islas de Brač y Hvar. Aguas tranquilas, sin viento, veinte grados y sol. Cada pocos kilómetros hay un pueblo en el que puedo comer, son las condiciones perfectas. Suelo pasar la noche en las afueras de los pequeños pueblos, donde encuentro cabañas vacías en la playa, bares o restaurantes, bajo cuyos toldos puedo tumbarme. Son para mí lugares ideales para descansar.

Mientras tanto, he llegado a la mitad del camino: son doscientos treinta kilómetros nadados. Es hora de terminar la natación. El agua, que al principio seguía a la temperatura de la bañera, a veintidós grados, ya está mucho más fría. No quiero volver a meterme en el agua en diciembre. No solo por el hecho de tenerlos dedos y los pies húmedos, sino también porque aumenta el peligro de tormentas repentinas.

Invitaciones

Más allá de la costa, un seguidor me invita, a través de Instagram, a una barbacoa y a pasar la noche, lo que acepto de buen grado, no solo porque vuelvo a comer algo sabroso, sino porque es un cambio bienvenido. Mientras tanto, han aparecido dos artículos sobre mí en la prensa local, lo que hace que la gente me salude desde la orilla una y otra vez. Una vez un kayakista incluso pasa a buscarme.

En general, solo tengo experiencias positivas con la gente de aquí. Todo el mundo es muy amable y la comunicación es fácil. Mucha gente habla alemán —algunos entrecortado, otros con fluidez—. Después de todo, como destino de vacaciones, están en sintonía con alemanes y austriacos. Y, por supuesto, son curiosos. ¿Quién arrastra un saco rojo detrás de él mientras nada?

—¿Adónde vas? —me preguntan una y otra vez.

—Quiero llegar nadando a Dubrovnik

Silencio aturdido. A veces también se sienten avergonzados. No están muy seguros de si estoy bromeando o he perdido la cabeza, pero me ofrecen mandarinas o agua potable y, en cualquier caso, me hacen una foto. Aquello les parece increíble.

Paso por la última gran ciudad antes de Dubrovnik, Makarska, el 1 de noviembre. Aquí hay otra entrada al puerto de doscientos metros de ancho, muy concurrida, que atravieso haciendo un *sprint*: de nuevo escapo con vida. El paisaje es de ensueño: aguas cristalinas y playas que invitan a pasar la noche. Tras ellas, un alto acantilado. Al otro lado se pueden ver las islas. A una distancia de unos cincuenta metros, un grupo de unos diez delfines pasa nadando junto a mí. Si hubieran sido tiburones, habría sonreído menos.

Los últimos cinco días he estado en el agua entre seis y siete horas cada vez y siempre he conseguido recorrer más de diez kilómetros. El resultado es que las rozaduras y heridas ya medio curadas vuelven a abrirse. Sin embargo, no tengo otra opción. Las condiciones meteorológicas son tan perfectas que tengo que aprovechar para avanzar lo máximo posible, pues todavía quedan ciento setenta kilómetros.

El viento marca el ritmo

Desde Makarska, la ruta continúa hacia el sur, cerca de la costa. Como antes, sigo viendo gente en la orilla que me saluda. Hacia el atardecer, llego a la pequeña ciudad de Igrane, donde me recibe un seguidor de Facebook llamado Emil. Me invita a su restaurante y me deja usar su piso de vacaciones vacío para pasar la noche. Las condiciones atmosféricas siguen estando de mi lado: soleado, dieciocho grados y muy poco viento. Es típico de la costa croata que normalmente no haya viento por la mañana, pero que se levante hacia la tarde. Sin embargo, en esta zona se produce un fenómeno meteorológico: aquí es exactamente lo contrario y siempre puedo empezar un poco más tarde.

Hacia Hvar

Entre Makarska y Dubrovnik, la alargada península de Pelješac se adentra en el Adriático de sureste a noroeste. Delante y detrás se encuentran varias islas grandes frente a la costa. Tengo que rodear esta península. Mi plan es cruzar a la isla de Hvar por el punto más estrecho, de unos cinco kilómetros de ancho, y nadar a lo largo de su lado sur hasta llegar al nivel de la punta norte de la península de Pelješac. Allí son ocho kilómetros a través de aguas abiertas, un gran desafío. Si, en cambio, siguiera la costa continental más al sur, tendría que cruzar la península a pie, y me gustaría evitarlo.

El comienzo es alentador. A pocos kilómetros al sur de Igrane cruzo a la punta de la isla de Hvar. La travesía de cinco kilómetros no es problema, llevo un ligero viento de cola. Ya me he acostumbrado a estos tramos más largos en mar abierto, lo cual es bueno y malo al mismo tiempo, porque por supuesto siguen siendo peligrosos.

Aquí todo va sobre ruedas. Al anochecer, llego sin problemas al faro del extremo oriental de Hvar y continúo nadando hasta el pueblo de Sućuraj, donde me deleito con otra visita al restaurante. Descubro que el alcalde del pueblo es otro de mis seguidores en Facebook. ¡Qué pequeño es el mundo! Viene a verme al restaurante para darme más información. Puedo pasar la noche en el puerto y al día siguiente me dirijo al punto de partida para hacer la travesía que tenía prevista hacia la península de Pelješac.

Arbustos

Quince kilómetros de agua me separan de este punto de partida. Divido la ruta en dos días para así estar descansado durante la difícil travesía. En el camino, sin embargo, no tendré más oportunidades de avituallarme. Para no cargar con comida durante todo el tiempo —tendría que arrastrar la bolsa seca extra detrás de mí para ello, lo que me ralentiza mucho durante la natación—, se me ocurre la grandiosa idea de, simplemente, volver andando a Sućuraj la tarde del primer día para comer y pasar la noche de nuevo. Son solo seis kilómetros, un paseo. Al menos eso creo en ese momento...

Hice muy mal, porque esta parte de la isla está cubierta de arbustos tan densos y espinosos que tardo tres horas en llegar al pueblo. Contar con unos zapatos resistentes habría sido lo ideal, sobre todo teniendo en cuenta lo doloridos que llevo mis pies. A la mañana siguiente, en el camino de vuelta, prefiero nadar los dos últimos kilómetros antes que volver a abrirme paso por esta selva espinosa. Al final aprendes a apreciar los pequeños detalles... El 5 de noviembre por la tarde llego a la bahía de Smokvina, mi punto de partida para la travesía. El lugar es muy hermoso. Hay algunas casas de veraneo, vacías; por lo demás, solo paisaje costero salvaje. Por la noche, un pescador se me acerca: me deja pasar la noche en el porche de su casa y me cuenta el tiempo que hará mañana.

Sé que la travesía de ocho kilómetros, para la que calculo entre cinco y seis horas, encierra algunos peligros. No debe haber ningún viento en el trayecto, de lo contrario podría verme a la deriva. Llamo por teléfono a mi padre y fijo la franja horaria en la que tengo que llegar al otro lado. Si no me presento, intentará avisar al servicio de salvamento marítimo de Suiza.

La corriente es demasiado fuerte

La mañana comienza ventosa. Tengo que esperar. El sol se pone cada vez más temprano y el tiempo de luz de que dispongo cada día se va reduciendo. ¡El universo podría haber hecho un mejor trabajo con las estaciones y las órbitas! Cuando por fin puedo empezar a nadar, me meto en una fuerte corriente de este a oeste cerca de la orilla que me arrastra hacia el mar abierto. Las corrientes entre las islas pueden ser de hasta cinco nudos de fuerza, es decir, nueve kilómetros por hora. Es una sorpresa desagradable, pero sigo nadando con la esperanza de recuperar mi rumbo. Después de un kilómetro, o como mucho dos, me rindo: no tengo ninguna opción de ganar el pulso. Volver atrás no es precisamente algo que me encante, pero aquí no me queda alternativa. Dirigirme a la orilla me resulta bastante difícil.

Por la tarde estoy de vuelta en la bahía de la que partí. Por supuesto, tampoco me queda comida, todo estaba muy calculado. Tengo que volver a Sućuraj. Al menos hay un camino adecuado que lleva a la siguiente carretera desde aquí, así que me ahorro tener que volver a abrirme paso entre la maquia. Al menos tengo suerte, por una vez este día: un amigo del alcalde me recoge en la carretera y me lleva al pueblo en coche.

De vuelta a Sućuraj

En Sućuraj todo el pueblo me conoce ya. Me invitan a cenar y un pescador me deja pasar la noche en su barco de excursión, que se balancea suavemente en el puerto. Por la noche, algunos lugareños se acercan y me muestran por dónde van las corrientes, también me advierten de que los vientos pueden aparecer repentinamente. En Facebook también me avisan de esto: las corrientes son fuertes y a veces imprevisibles. En el lado sur de Pelješac, si consigo cruzar, me encontraré una costa escarpada y un largo tramo sin poder avituallarme.

¿Qué hacer? Paso al plan B: en lugar de cruzar por el punto más estrecho, podría empezar más al este y dejar que la corriente me lleve durante un tiempo, así pasaría en ángulo. El lado sur de Hvar corre aproximadamente paralelo a la costa norte de Pelješac durante quince kilómetros, y si todo va bien... Sí, podría funcionar.

Llamo a mi padre, con quien mejor puedo hablar de estas cosas. Es la voz de la razón y hoy tampoco tiene que pensar mucho: «Es una estimación completamente vaga la que haces, y si te equivocas acabarás en mar abierto. Entonces nadarás hacia Italia».

Tiene razón. Tengo que ir por el otro lado, nadar de vuelta a tierra firme y cruzar Pelješac a pie más tarde. Aquí vuelvo a ser consciente de que estoy completamente a merced de las condiciones externas cuando nado. A diferencia del ciclismo o la carrera, no puedo detenerme y sentarme en el tocón de un árbol si no puedo avanzar. Si dejo de nadar en aguas abiertas, a cientos de metros de la orilla, es un grave problema. Y por mucho que los problemas y sus soluciones puedan inspirarme y motivarme, este no es el caso.

Saludos desde el ferri

Así que vuelvo a la tierra firme. La salida es en el faro de la punta de la isla. Algunos aldeanos vienen a despedirme. Puse rumbo al pueblo de Drvenik, otra travesía de cinco kilómetros, pero esta vez las condiciones son buenas. Hay un ferri entre Drvenik y Sućuraj que podría ser peligroso para mí, pero los aldeanos han informado al capitán de que estoy en su camino. El ferri llega entonces y me saluda con su bocina.

Desde Drvenik nado unos kilómetros más al sur y paso la noche en una playa. Ahora vuelvo a progresar y el tiempo también está de mi parte. Para adaptarme a la infraestructura existente aquí, mis etapas diarias van a ser bastante cortas, siempre de siete a ocho kilómetros. Pero eso no siempre funciona a la perfección: cuando llego a la pequeña ciudad de Gradac, no hay nada abierto, salvo un supermercado. Ni un bar, ni un restaurante. Así que, una vez más, solo tengo muesli para cenar y desayunar.

La ruta alternativa

Quiero seguir por la costa y cruzar a la península de Pelješac en un punto adecuado. Debo tener cuidado de no entrar a nado en territorio bosnio, porque la costa croata del Adriático se interrumpe en un punto, entre Ploče y Dubrovnik, pues una franja de cinco kilómetros alrededor del pueblo de Neum pertenece a Bosnia y Herzegovina. He de evitarlo, porque es una frontera exterior de la UE, y que yo sepa no hay ningún paso fronterizo para nadadores. Probablemente no hay ninguno en ningún sitio. Tampoco hay todavía pasaportes impermeables. Igualmente, no puedo cruzar por el punto más estrecho, porque allí se está construyendo un gran puente, así que tengo que cruzar por un punto algo más ancho. ¡Dos semanas más para Dubrovnik!

Grandes barcos y agua fría

El siguiente reto es el gran puerto industrial de la ciudad de Ploče, al que llego el 9 de noviembre por la tarde. Considero brevemente la posibilidad de cruzar a nado la bahía que hay frente a la ciudad por la noche, pero decido no hacerlo: hay grandes cargueros que me perderían, además de fuertes corrientes de nuevo. Así que bajo a tierra y subo a una colina para tener una visión general del puerto y de la situación general. El mar está agitado, los barcos se entrecruzan. No, haré la travesía mañana. Prefiero aprovechar la oportunidad y dirigirme hacia la ciudad para buscar un restaurante. Comida caliente, eso me vendrá bien ahora.

Ploče está al final de una bahía estrecha y profunda, lo que supone un paseo de tres kilómetros. De pronto, un alambre de púas se interpone en mi camino. Eso no es nada para mí: simplemente me arrastro por debajo y avanzo a paso ligero. Un poco más adelante hay otra valla de alambre de espino, claramente marcada con carteles: acabo de cruzar una zona militar restringida. Miradas rápidas a la izquierda y a la derecha. Ok, aparentemente nadie me ha visto. No puedo volver por aquí, está claro. Tendré que resolver ese problema más tarde, ahora lo que tengo es hambre.

Ploče es una ciudad industrial que vive del puerto y que todavía conserva el estilo arquitectónico yugoslavo. Encuentro una pizzería de cuyo horno unas pizzas gigantes sorprendentemente sabrosas y jugosas. Con una de ellas ya puedo tachar de la agenda lo más importante que tenía que hacer hoy. Por la noche, me acuesto en la playa de la ciudad y también me quedo solo allí.

Para seguir nadando, tengo que volver a la mañana siguiente al punto de donde salí del agua ayer. No puedo atravesar la base militar y no veo manera de llegar al exterior por tierra, así que entro en la sucia dársena del puerto —donde la mayoría de los cargueros chinos e indios descargan, cargan y recargan carbón, petróleo y chatarra— y vuelvo nadando. Unos cuantos soldados me observan desde su complejo militar, pero obviamente no me consideran una amenaza para la seguridad del país. Es desagradable estar en esta agua sucia. Tardo una hora y media en volver a mi punto de salida. Ahora tengo que cruzar la bahía, lo que no me resulta nada complicado.

Justo detrás de Ploče comienza el delta del Neretva, que aquí desemboca helado en el mar. El agua solo me llega hasta las rodillas. Incluso con el traje de neopreno tengo mucho frío. La profundidad es tan poca que en algunos lugares que las yemas de mis dedos tocan el fondo arenoso. Donde el río desemboca la corriente es increíblemente fuerte. Al segundo intento logro parar y me empujan a las aguas abiertas. Ya es noche casi cerrada.

Cabeza de oveja

Oigo cómo se mueve en el agua detrás de mí. Un cúter se pone a mi lado. El pescador me grita: «¡Has tenido suerte de que no te haya aplastado!». Apenas se me ve en el crepúsculo. Tengo que llegar a la orilla lo antes posible. Termino en el pequeño

pueblo de Blace, donde encuentro un bar abierto. En realidad, no tiene cocina, pero el propietario, que está sentado en la mesa de al lado con unos amigos, es una persona de un gran corazón. Me hace un regalo muy especial: una cabeza de oveja en un plato, comida a la que hay que acostumbrarse... Como no tengo ninguna alternativa y no quiero parecer desagradecido o maleducado, no digo que no, así que pruebo con cuidado. No sabe nada mal. El propietario también es superamable en otros aspectos. Me deja pasar la noche en un piso y se pone por teléfono a organizarme un lugar donde quedarme al día siguiente en la península de Pelješac. La cabeza de oveja ha valido la pena.

Una última gran travesía

Así que al día siguiente finalmente cruzamos a Pelješac. Son cinco kilómetros a través de aguas abiertas, pero no hay otro camino. No puedo quedarme en la costa, porque unos kilómetros después entraría en territorio bosnio.

La travesía es dura. Hace frío y tengo que volver a luchar contra las corrientes, pero al menos ya no hay tráfico de barcos apenas aquí, Ploče fue el último puerto importante. Así que llegué sano y salvo al otro lado, al pueblo de Sreser. La pernoctación que me apañó el dueño del bar me está esperando: resulta ser una habitación cómoda con vistas al mar, con una cama grande y mullida.

Continuamos por la costa norte de la península. El siguiente reto que me espera es la obra del puente de Pelješac, que está llevando a cabo una empresa china para sortear el paso por Bosnia y Herzegovina hacia el enclave de Dubrovnik. Pero primero tengo que salir del agua, después de solo seis kilómetros en el pueblo de Brijesta, para conseguir algo de comida. En los últimos días he estado temblando en el agua, literalmente; hoy sobre todo, pues muchos ríos fríos desembocan en esta bahía. Pero la verdadera razón es otra: llevo días sin comer bien y no me quedan reservas de grasa para calentar. Tardo dos horas cada vez en volver a entrar en calor en mi saco de dormir.

El puente de Pelješac

La siguiente etapa, en la que también he de pasar por las obras del puente, es de trece kilómetros. Tengo que llegar hasta allí, porque no hay posibilidad de desembarcar en la escarpada y salvaje costa del camino, y mucho menos de encontrar un lugar donde pasar la noche. Por eso empiezo a nadar lo más temprano posible.

Me acerco lentamente a la enorme obra. Hay muchos barcos grandes en el agua. Al cabo de no mucho, una lancha se acerca para dejarme claro que no puedo pasar por ahí. No tiene sentido discutir desde el agua; además, sería demasiado peligroso. Subo a la orilla para evitar las obras y recorrer el lugar a

pie. Una vez que pase alrededor de la zona acordonada, luego podré meterme directamente al agua, así es como me lo imagino. Pero no es tan fácil: la obra en sí está rodeada por una gran valla y también hay todo un complejo de barracas de contenedores, donde viven los trabajadores chinos. El cercado es muy largo y alrededor crece la densa y espinosa maquia croata, con la que ya me he topado por desgracia unas cuantas veces.

Un fantasma en la valla

En la valla, intento que se fijen en mí. Con mi traje de neopreno y la balsa roja al hombro, llamaría la atención en cualquier parte del mundo, parezco un marciano recién aterrizado de un platillo volante, pero aquí la gente actúa como si no me viera. Nunca he experimentado nada igual. Se sientan detrás de la

valla frente a sus cabañas, a unos diez metros de donde estoy, y hacen lo posible por ver a través de mí. Me imagino que no saben cómo lidiar con este fantasma disfrazado de nadador. En cualquier caso, no quieren verse envueltos en ningún problema. Es mejor no mirar, quizá entonces el fantasma desaparezca tal como apareció.

Pero no han contado con mi paciencia. Desistir ahora me costaría días de desvío. Me quedo junto a la valla y dejo que el malestar que les causa mi aspecto se vaya agudizando. Me voy dirigiendo a ellos de manera alternativa, pero me siguen ignorando. Al cabo de un rato, sin embargo, empiezan a hacerme aspavientos con las manos para que me vaya. La gente ya no puede evitar fijarse en mí. Pero yo sigo en mis trece. Después de una media hora más o menos, claudican. Un hombre de

mediana edad se acerca, probablemente el capataz. Habla un poco de inglés.

—¿Qué haces aquí?

—Voy hacia Dubrovnik y, como no me han permitido nadar a través de la obra, tengo que pasar por aquí.

—No, no, vete.

Gira sobre sus talones y se aleja de nuevo. Me quedo quieto. Después de un rato vuelve:

—¿Por qué sigues aquí? ¡Que te vayas!

—Lo siento, pero no puedo, tengo que pasar.

—No, es imposible.

—Lo único que quiero es pasar al otro lado, son solo unos minutos. Luego ya me voy.

—¡No!

—¡Sí!

—¡No, no!

—¡Sí, sí!

Me mira, le miro. Parece que se da cuenta de que no puede deshacerse de mí. Finalmente anda dos pasos hacia atrás y hace un movimiento de cabeza resignado, que interpreto como una invitación. Lanzo la balsa por encima de la valla y paso rápidamente tras ella. Va conmigo los doscientos metros que tengo que recorrer por la zona. Tengo que prometerle varias veces que no volveré, en ninguna circunstancia, y lo hago con la conciencia tranquila. Por cierto, no veo ni una sola persona de aspecto europeo en toda la obra. Evidentemente, aquí solo trabajan chinos, no croatas.

Desde la salida, un estrecho sendero baja hasta la orilla, así que me meto de nuevo en el agua a menos de cien metros detrás de la obra. Eso llevó mucho tiempo, pero en realidad fue bastante fácil.

El resto del día nadé a toda velocidad para llegar a la playa de Duba Stonska antes del anochecer. Allí acampé para pasar la noche. Tenía que llegar hasta aquí o me encontraría con un gran problema: sin comida y casi sin agua potable en un acantilado inhóspito sin un lugar para sentarse cómodamente, mucho menos para dormir. Se supone que allí también hay serpientes venenosas.

Otro sendero

El brazo de agua que separa Pelješac del continente se estrecha visiblemente. Aquí, el agua salada y el agua dulce se mezclan, lo que ha favorecido la instalación de grandes criaderos de mejillones y ostras. En Mali Ston llego a la parte más estrecha de la península, que ahora tengo que cruzar a pie.

Esta es la consecuencia de mi fracaso hace una semana para cruzar de Hvar a Pelješac. Siendo realista, no puedo cubrir toda la distancia solo nadando. El total que recorro en el agua no cambia, porque el kilómetro y medio por tierra desde Mali Ston hasta la ciudad de Ston discurre en ángulo recto con mi itinerario noroeste-sudeste. Así que vuelvo a meterme en el agua en la playa de Ston a la misma altura donde salí en Mali Ston.

Primero aprovecho que hay bastantes comercios, porque en cualquier momento podrían cambiar las tornas. Ston es una ciudad turística, tiene una antigua fortaleza romana y muchos restaurantes. Me aprovisiono de comida para dos días y salgo a comer por la noche. Una vez más siento la gran hospitalidad que tantas veces he encontrado en Croacia:

—¿Dónde duermes? —me preguntan en el restaurante.

—En la playa —respondo.

—Eso no puede ser. Tengo un piso de vacaciones, está vacío. Allí te puedes quedar.

Tanta amabilidad, viniendo de un desconocido, me conmueve. No tengo ningún problema en pasar la noche en la playa, pero una cama siempre es bienvenida. Ya he hecho cuatrocientos kilómetros.

En el restaurante estrella

Al otro lado de la península, el agua vuelve a estar un poco más caliente. Me he fijado doce kilómetros para hacer hoy. La primera mitad de la ruta va bien. A mediodía desembarco y me doy el gusto de comer en un restaurante de lujo, el Gastro Mare Kobaš, un popular punto de encuentro de marineros durante la temporada —aunque ahora solo abre los fines de

semana—. Es domingo y estoy de suerte: el propietario Toni Bjelančić, un auténtico chef estrella, y su ayudante, Maja, también están encantados de que vaya. No hay mucho más que hacer aquí. Me como un pescado gigante exquisitamente frito con verduras frescas. Pido dos patatas más y me invitan a un café después de la cena.

El desvío me ha llevado al lado sur del canal Stonski. Para llegar al lado de tierra firme tengo que cruzar esta bahía. Así que una vez más toca nadar en aguas abiertas. Salgo bien,

pero a los dos kilómetros el viento se levanta con tanta fuerza que no puedo avanzar. Tengo que volverme, una vez más. De regreso al restaurante, me reciben Toni y Maja, quienes me invitan a cenar y me ofrecen un piso para pasar la noche. Son personas superagradables que hablan bien inglés. Con ellas paso una velada mágica.

Todo va más lento justo antes de la línea de meta

La vista por la ventana a la mañana siguiente es deprimente: se acumulan nubes oscuras y las olas que se ven hablan un lenguaje claro. La previsión meteorológica para los próximos días también parece mala. El pronóstico es que habrá bora. El viento es tan fuerte que ni siquiera saldría de la bahía. Ya estoy cerca de mi objetivo, solo hay unos cuarenta kilómetros hasta Dubrovnik, lo que supondría unos cuatro días en condiciones normales. Sin embargo, tengo que esperar aquí hasta que se calme algo más. Poco a poco esto se está convirtiendo en una carrera contra el tiempo, el frío me está afectando cada vez más.

Me quedó allí atascado durante dos días enteros. El tiempo es, en una palabra, catastrófico. Como mis anfitriones, Toni y Maja, solo se han quedado aquí el fin de semana —se fueron a Split el lunes por la mañana—, ahora estoy solo en la bahía. Ya no están para prepararme su deliciosa comida y además las provisiones que traje se están agotando. El martes vuelvo caminando a Ston, ocho kilómetros de ida y ocho de vuelta, para abastecerme para los próximos días en el supermercado más cercano. Al menos no tengo que abrirme paso entre la maleza, solo seguir un camino.

El miércoles por fin podré seguir adelante. El viento sigue siendo feroz, pero ahora puedo utilizarlo temporalmente para mis propósitos: viene más bien de lado, desde atrás, y me empuja. Me atrevo a dirigirme directamente al cabo en diagonal, en lugar de cruzar la bahía por el camino más corto y seguir la línea de costa. Me está entrando la prisa. Al final del día, he hecho once kilómetros y he vuelto a encontrarme con unas cuantas medusas por el camino. Ya es hora de terminar con

la natación. Ahora el viento es más fuerte. A menudo la bora sopla desde el norte y trae corrientes y frío.

La previsión meteorológica vuelve a ser mala. Sé que en los próximos días tendré que volver a desembarcar en algún lugar, por eso decidí tomar la ruta más larga, a lo largo de la costa continental, en lugar de la más corta, a lo largo de las islas de la costa. Allí todo está cerrado ahora.

Y otra pausa forzada

El día siguiente empieza bien, pero por la tarde el viento vuelve a arreciar, así que, pasados ocho kilómetros, desembarco en una de las pocas playas que hay bajo los acantilados, para esperar a que mejore. De nuevo me quedo sin avanzar durante dos días.

Es frustrante estar retenido así, sin más que hacer que mirar de frente mi destino. Estoy a solo veintidós kilómetros de Dubrovnik. Las últimas semanas me han enseñado que no tiene sentido nadar con un viento demasiado fuerte si al final acabas atascado en alguna roca. Aquí, después de todo, estoy atrapado en una playa. Pero llegaré pronto, lo sé, es solo cuestión de mantener la calma y esperar sin volverme loco. El Adriático me ha enseñado una sencilla lección: nadar es diferente a montar en bicicleta. Todos los niños saben hacerlo, pero lo que realmente significa solo ahora, después de más de cuatrocientos treinta kilómetros, es cuando lo he entendido realmente. Estoy en el mar y, cuando el mar dice no, quiere decir no. No se puede cambiar eso.

Final en Dubrovnik

El domingo, las condiciones siguen siendo bastante duras, hay mucho viento. También olas, aunque pequeñas, pero el sol vuelve a brillar. Me acerco nueve kilómetros a las afueras de Dubrovnik y vuelvo a localizar un lugar para dormir. Al día siguiente me encuentro con gente: dos nadadores de Dubrovnik, Emilio e Iván, me acompañan durante los dos últimos días en el agua. El mar se agita por la tarde, pero llegamos a las afueras de la ciudad hacia la noche. ¿Debería haber llegado realmente?

Una última noche en la playa y una última mañana metiéndome en mi traje de neopreno mojado. No puedo casi creérmelo.

Es 24 de noviembre de 2020. Nadamos alrededor de la península en la que se encuentra Dubrovnik y pasamos por el magnífico telón de fondo del casco antiguo.

A las dos y diez de la tarde atraco en el viejo puerto del malecón, tomo aire y subo a tierra. Ya está hecho. Markus Weinberg, con el equipo de filmación de Ravir y un equipo de la televisión local, ya me están esperando. Se produce un aplauso espontáneo y alguien me lanza una manta. Sonrío y vuelvo a mirar al agua. Han sido cincuenta y cuatro días y cuatrocientos sesenta kilómetros. Acabo de terminar la travesía a nado más larga de mi vida y lo he hecho sin compañía. ¿Soy feliz? Sí, pero al mismo tiempo me alegro de que haya terminado.

A través de los Balcanes

Hacia el callejón sin salida

Me siento como si hubiese ganado el Tour de Francia; pero en realidad la sensación no es de triunfo, sino de alivio.

Por supuesto que estoy orgulloso. No solo he establecido un récord, sino que, sobre todo, he superado un reto personal. El ciclismo es lo mío y correr es bastante fácil para mí en comparación. La natación... Estaba claro desde el principio que nadar es lo que más me costaría. Fue un salto al vacío en todos los aspectos. Al final la tarea resultó mucho más difícil de lo que hubiera soñado después de mi ensayo general en el lago Constanza.

El hecho de que se me permita volver a mi elemento, en mi bici, es a la vez una recompensa y un incentivo. Por eso celebro una pequeña fiesta con los demás por la noche. Por supuesto, paso la noche en Dubrovnik. Como no podría ser de otra manera, sueño con el agua. Todavía no he asimilado que mañana por la mañana no tendré que volver a ponerme el traje de neopreno y meterme en las olas heladas. El sol está casi arriba cuando me duermo, lleno de satisfacción.

Por la mañana me siento en plena forma y descansado. Tengo ganas de empezar ya.

¡Vamos!

Markus me acompañará durante otros diez días, grabando material para la película y haciendo sus impresionantes fotos. Queremos salir hacia el mediodía y hacer los noventa kilómetros hasta Kotor, en Montenegro, para rodar. Algunos corredores de la federación local de triatlón se unen a nosotros en la salida, quieren acompañarnos durante los primeros kilómetros. Un equipo de la televisión croata también está presente.

Pero, antes de que pueda ponerme en marcha, descubro que mi palanca de cambios derecha está rota. El transporte la ha dañado. En condiciones normales no sería un gran problema, es una pieza estándar que se puede sustituir fácilmente, pero en la situación actual sí lo es, debido a que los repuestos son muy escasos, pues la mayoría se fabrican en Asia y las cadenas de suministro se están viendo interrumpidas por culpa del coronavirus. No encuentro una palanca adecuada. Finalmente, un ingenioso mecánico de la tienda de bicicletas local me hace un apaño con el que puedo cambiar de forma razonablemente fácil.

Cuando por fin nos ponemos en marcha son las tres de la tarde. Por fin he vuelto a montar en Esposa. Es una subida empinada. Después de un rato se tiene una vista fantástica de Dubrovnik y el mar. Por desgracia, no podemos dejar que esto nos distraiga demasiado, porque la carretera es muy estrecha y con mucho tráfico. Tal vez sea esta la razón por la que los compañeros croatas se desvían pasados unos veinte kilómetros, mientras que Markus y yo seguimos hasta la frontera con Montenegro.

En Montenegro

En el paso fronterizo, el funcionario se muestra muy contento de vernos. Está muy emocionado de que vengan dos personas con pasaporte alemán. Incluso llama a su mujer, que habla un poco mejor alemán, para charlar con nosotros. Esto nos complace, pero, como hemos empezado tarde, no podemos quedarnos mucho tiempo.

Llegamos a Kotor sobre las nueve de la noche y nos dirigimos directamente al hotel que hemos reservado. Pero lo que no sabíamos es que hay toque de queda en el país debido al covid. A partir de las seis de la tarde todo está cerrado y a partir de las ocho ni siquiera se puede salir a la puerta de tu casa. Sin embargo, el recepcionista del hotel se las arregla para que nos manden una pizza. Con la sensación de que estamos haciendo algo prohibido sabe aún mejor.

Sentimientos de felicidad

La mañana siguiente comienza con un momento maravilloso. Ya el trayecto en tiempo real durante veinticuatro curvas hasta el monte Lovćen, a mil seiscientos metros de altura, es una delicia. Es una subida muy bonita, siempre con vistas a la bahía de Kotor. En la cima se encuentra el mausoleo de una celebridad montenegrina, Petar II Petrović-Njegoš, que fue príncipe-obispo de Montenegro en el siglo XIX y también un célebre poeta, muy venerado aún en toda la región. El mausoleo tiene algo de lugar de peregrinación y la ubicación que tiene es espectacular. Ivan, el triatleta que ya me acompañó en los últimos kilómetros en el agua antes de Dubrovnik, ha venido a Kotor expresamente en coche para unirse a la carrera. Tenemos que subir los últimos cien metros hasta la cumbre a pie. Allí nos espera una vista que nos deja sin aliento: desde aquí tenemos una visión de casi todo Montenegro, más allá de Albania y el norte de Macedonia en el sur y el este, así como de Croacia al noroeste. El mundo entero parece estar a nuestros pies, esperando a que lo crucemos.

Ivan nos deja, y Markus y yo emprendemos el largo descenso por una pequeña carretera de grava hasta Cetiña, la antigua capital de Montenegro. No nos quedamos allí, sino que continuamos, hasta que está tan oscuro que los ojos de los gatos y otros animales que vagan por la carretera empiezan a brillar. Hace un frío intenso. En un pequeño pueblo encontramos un hotel para pasar la noche. Nos alegramos al saber que hay chimenea, en la que ya arde un alegre fuego. El calor le hace un bien increíble a nuestros congelados huesos.

El fin de una carrera

Me sorprendo a mí mismo sonriendo como un bobo solo porque puedo volver a sentarme en mi querida bici. El primer día todavía me dolía un poco la adaptación —un poco las piernas, un poco el culo, un poco la espalda—, pero poco a poco voy recuperando la forma. Aquellos días son de todo menos monótonos. En los dos primeros ya he visto más que en los dos meses anteriores en el agua: gente en la calle, ancianas asomadas a las ventanas abiertas, coches destrozados en los patios y perros callejeros que ladran.

Al final, no pasó nada mientras nadaba, solo agua a mi alrededor, algunas rocas, basura de plástico y a veces algún pez. En realidad, vi más plástico que peces nadando en el Adriático. El hecho de que también haya basura por todas partes en tierra firme debería hacernos reflexionar. El mar es vulnerable, depende de nosotros, como yo he dependido de ella en las últimas semanas. Era algo completamente nuevo para mí, un reto desconocido cuya dimensión en conjunto yo había subestimado. Si lo miras con objetividad, fui un ingenio cuando me metí a nadar. Debí ser consciente de que los pocos días en el lago Constanza no eran preparación ni de lejos para lo que las corrientes, las olas y el viento pueden hacer contigo en el agua.

Mi actitud es la de siempre tengo: todo saldrá bien. Todo lo que me propongo lo consigo con mi persistencia, pero subestimo todos mis proyectos por adelantado. En principio, siempre asumo que las condiciones son especialmente buenas cuando llego allí, de lo contrario ni siquiera podría empezar. Veo cómo va a resultar realmente en el camino y me preparo para ello. Incluso en los momentos más frustrantes, cuando me quedé atascado en algún lugar del Adriático por el mal tiempo, no fue difícil mantener la motivación. Me decía: «Oye, ahora mismo estás cumpliendo un sueño, estás exactamente donde qieres estar, y al final llegarás». Es algo que tienes en tu cabeza y que no se puede hacer si no eres optimista.

Nos separamos en buenos términos, el mar y yo. Me alegro de que mi carrera de nadador haya terminado con esto. Nos irá bien al uno sin el otro. Hay otras cosas interesantes que hacer en este mundo.

A través de Albania

El tercer día en bicicleta llegamos al hermoso lago Scutari, en el parque nacional del mismo nombre. La parte occidental

pertenece a Montenegro y la oriental, a Albania. El tiempo sigue siendo espléndido. La estrecha carretera serpentea un poco por encima de la orilla sur, siempre un poco hacia arriba y hacia abajo. ¡Fantástico! Hacia el atardecer llegamos a la frontera con Albania y seguimos hasta la ciudad de Shkodra, donde no hay mucho que ver por las restricciones impuestas por el virus. Hoy hemos subido unos dos mil metros.

El día siguiente comienza con un bonito paseo a ochocientos metros sobre el nivel del mar. El asfalto aquí está en buenas condiciones; aunque, eso sí, algunos tramos están llenos de baches, aunque la carretera apenas se utiliza. Los pocos coches son en su mayoría viejos Mercedes y BMW, que al pasar tocan el claxon. Es gente muy amable, muchos saludan desde el borde de la carretera. Paramos a comer en un restaurante del puerto y disfrutamos de unos espaguetis. La cocina albanesa tiene una fuerte influencia italiana. Además, me hago entender mejor con mi italiano entrecortado que con el inglés o el alemán.

El sol brilla y los árboles resplandecen de rojo y amarillo. Es un placer pedalear por este hermoso paisaje otoñal. Atravesamos pequeñas aldeas, pasamos por edificios industriales de la época comunista, algunos derruidos, otros ya medio derruidos. Hay búnkeres por todas partes, especialmente cerca de la frontera; supuestamente, todavía hay más de veinte mil en Albania, que se descomponen lentamente, el hormigón se está desmoronando. La basura se acumula en los portales, y aquí y allá deambulan los perros. Por la tarde volvemos a entrar en la oscuridad y nos cuesta encontrar un hotel para pasar la noche.

Seguimos por las montañas. Mientras tanto, la carretera se ha convertido en una pista de baches que nos obliga a ir en zigzag, pero avanzamos... Finalmente, ya estamos fuera de Albania de nuevo. Nada más cruzar la frontera, dos enormes perros, pastores alemanes, nos persiguen, ladrando con fuerza. Pedaleamos tan fuerte como podemos, hasta que un estridente silbido por detrás hace que los perros desistan.

La pequeña ciudad de Debar, a la que llegamos por la tarde, está ya en el norte de Macedonia. Nos sorprende ver banderas albanesas ondeando por todas partes. Un transeúnte con el que empezamos a hablar nos cuenta que la ciudad es por historia albanesa, pero se la anexionó Serbia tras la primera guerra de los Balcanes en 1913. Así, pasó a formar parte de Yugoslavia. Pertenece a Macedonia del Norte desde la desintegración de este estado. La población sigue estando formada principalmente por albaneses y gitanos.

Debar nos ofrece nuestro mejor alojamiento hasta ahora, un hotel en un antiguo monasterio. La comida es excelente. Como los precios en el país son bajos, podemos permitirnos algo así. Un poco de lujo antes de dirigirnos por el siguiente paso, hacia Skopie. Allí nos espera un test de coronavirus, que necesitamos pasar para entrar en Bulgaria. El tiempo ha cambiado: ha empezado a llover y ciertamente hay nieve en la cima del puerto. No obstante, vuelvo a disfrutar de mi bicicleta.

La llegada del invierno

La mañana comienza fría. La escena que se nos presenta a la vista durante la ruta a través del parque nacional de Mavrovo es hermosa. Pero en la cima del puerto está nevando, como temíamos. Markus tiene la mala suerte de romper el cable de su palanca de cambios, así que debe subir a duras penas la montaña en la misma marcha, con una relación de transmisión incómoda. Finalmente, lo consigue. Nos alegramos cuando empezamos a descender de nuevo. Salimos de las montañas por Tetovo hacia la capital, Skopie.

Pocas veces he visto una capital con tan poco tráfico. Nos dirigimos directamente al centro de pruebas de coronavirus. Aquí trabajan de forma muy eficiente, nos toca enseguida. La gente es, de nuevo, extremadamente amable, aunque nos cuesta bastante comunicarnos con ellos. Está claro por qué estamos aquí. Clavarnos palos en la nariz se ha convertido en algo habitual para nosotros. No está especialmente concurrido, pero me imagino que el riesgo de contagio es probablemente mayor aquí, en el centro de pruebas. Nos aseguran que tendremos el resultado dentro de veinte horas... ¡Veinte horas! Tiempo suficiente para pasar la noche en la ciudad y que alguien le repare a Markus el cable de su bici. Encontramos un hotel y, con suerte, conseguimos comer algo antes de que vuelva a entrar en vigor el toque de queda.

Así que a la mañana siguiente lo primero que hacemos es buscar un taller de reparación de bicicletas y, por tanto, salimos relativamente tarde. Ha vuelto a salir el sol, pero sigue haciendo mucho más frío que en Albania. La mayor parte de la ruta transcurre por tierras bajas y solo cuando se acerca el atardecer vuelve a empinarse un poco. Cuando lleguemos al paso fronterizo, en la cima del puerto, habremos subido de nuevo a más de mil metros.

Los funcionarios de la frontera nos indican amablemente que las pruebas son obligatorias. El resultado de la prueba de Markus ha llegado por correo electrónico. Mientras tanto, el mío ha desaparecido... ¡Genial! Tenemos que esperar todavía más. Hace mucho frío, nueve grados bajo cero, todo está helado. Atravesamos la nieve y encontramos una pequeña tienda donde podemos beber té caliente y entrar en calor. En algún momento, el resultado de mi prueba llega a la carpeta de *spam* junto con todo tipo de notificaciones de premios de lotería y boletines informativos. Por fin podemos cruzar la frontera.

Lo que sigue son quince kilómetros de bajada por una carretera de cristal con un frío cortante. Preferimos ser muy cuidadosos y reducir la velocidad. Aquí en Bulgaria, el coronavirus se toma en serio: nada más cruzar la frontera tenemos que pasar por tres controles policiales. Uno de los agentes se limita a sacudir la cabeza ante aquellos locos que van en bicicleta en invierno. Dice que ya tiene frío de estar parado. «Entonces debería montar en bicicleta, eso le hará entrar en calor», le recomendamos. Cuando llegamos a Kyustendil, la primera ciudad pasada la frontera, todo está cerrado. No hay posibilidad de salir a comer ni de comprar nada. Al menos encontramos un hotel. La recepcionista se desvive por nosotros y con un poco de esfuerzo nos consigue una *pizza*, que nos traen a la habitación. ¡Salvado de nuevo!

Otra vez solo
Markus me deja a la mañana siguiente. Los dos sabíamos que llegaría este momento, así que lo aceptamos resignados. Además,

sé que lo volveré a ver más adelante. Él se desvía en un cruce para volar de vuelta a Dresde desde Sofía. Yo, cuando desaparece tras la siguiente colina saludando, sigo luchando a diez grados bajo cero por carreteras heladas hacia el este. Hace tanto frío que me pongo todo lo que llevo, y encima la chaqueta de plumas. Después de unos ochenta kilómetros, me rindo y paso la noche en la pequeña ciudad de Samokov.

El día siguiente comienza con una pequeña subida y un largo descenso por el largo valle que me lleva a Plovdiv, la segunda ciudad más grande de Bulgaria. El día está nublado y, una vez más, hace mucho frío. Es bastante deprimente cuando todo es tan gris y brumoso, realzado por la arquitectura búlgara: bloques de viviendas al más puro estilo socialista. Todo está cerrado, pero sorprendentemente hay máquinas de café en la calle en casi todos los pueblos, así al menos puedo calentarme un poco.

Me gustaría ver algo así en Alemania. El paisaje se ha vuelto monótono. Los campos están alineados junto a otros campos, con caminos rectos y muertos entre ellos. Las carreteras secundarias están en un estado pésimo y las principales son bastante peligrosas para los ciclistas porque no tienen arcén. Esto es un buen anticipo de lo que puedo esperar en Rusia: los camiones pasan haciendo un tremendo ruido. De vez en cuando paso de las carreteras grandes a las más pequeñas, dependiendo de la situación. A veces, una carretera se convierte de repente en un camino de grava cubierto de nieve por el que solo puedo continuar a pie. Es realmente agotador.

Discusión en la frontera

Otra parada para pasar la noche y finalmente llego a la frontera turca por autopista. Esta es la ruta directa, la conexión principal a través de la E80 cerca de Edirne. Hay otro cruce más al norte, que también sería el adecuado para los ciclistas, pero eso supondría un desvío de cuarenta kilómetros. Ya está oscureciendo de nuevo.

Me acerco al cruce por carreteras secundarias y solo conduzco los dos últimos kilómetros por el arcén de la autopista hasta el puesto de control. Los búlgaros no se sorprenden lo más mínimo, me dejan pasar sin problema. También supero los dos primeros controles del lado turco. En el tercero, donde se sella el pasaporte, a algunos parece darles rabia verme allí con mi bici. Tres funcionarios me hablan de malos modos en turco. No entiendo nada, o al menos finjo no entenderlo, porque los gestos son claros: debo volver a Bulgaria. Respondo en inglés y eso hace que los funcionarios se queden desconcertados.

Al menos siguen portarse en actitud amistosa. Uno de ellos saca su móvil para traducir con Google Translate y me dice:

—¡Debes volverte!

Me hago el sorprendido, sigo siendo terco:

—No, tengo que cruzar ahora. No se preocupen, saldré de la autopista en la próxima oportunidad. Déjenme pasar.

Recuerdo lo pesado que fui durante aquel episodio con los chinos. Después de media hora, el problema deja de serlo y puedo pasar. Solo tengo que prometerles que no volveré.

—Con mucho gusto, soy un experto en eso —les digo.

Autopista vacía, caminos de tierra, perros que ladran

El paso fronterizo de Edirne está en la ruta principal entre Europa y Asia. En circunstancias normales, hay mucho tráfico aquí. Ahora solo veo unos cuantos camiones y un vacío enorme. La razón: es fin de semana y, además, hay toque de queda en Turquía, a excepción de los viajeros de negocios y los turistas extranjeros. En cierto modo, soy ambas cosas.

Continúo quince kilómetros hasta la ciudad de Edirne por la autopista, esta vez incluso por un carril que tengo prácticamente para mí. No es necesario cambiar a carreteras secundarias. Interesante experiencia, así debió ser cuando se prohibió la conducción en domingo en los años setenta.

Edirne es una gran ciudad, con muchas mezquitas hermosas. Merece pararse a descansar. Las tiendas y los restaurantes están abiertos en su mayor parte, pero no hay donde sentarse a comer, solo hay comida para llevar.

—Ven, cómprame algo —me invitan inmediatamente.

Muchos de los presentes han vivido antes en Alemania. Hablan alemán y se alegran de mi visita.

Desde Edirne vuelvo a cambiar a carreteras más pequeñas. El paisaje se vuelve ahora más montañoso, más interesante. El terrenos es agrícola. Las carreteras están vacías, excepto por los perros que me persiguen en todos los pueblos. En general, a estos animales no les gustan los ciclistas, ya lo he experimentado varias veces en los Balcanes. En Turquía es peor. La mayoría de los perros se ponen a correr detrás de mí, aullando, algunos incluso intentan saltar sobre mí y morderme las pantorrillas. Siempre escapo esprintando y a veces les salpico con la botella de agua, lo que no les gusta nada. Solo debo tener cuidado de

que no choquen con mi rueda delantera, porque podría caerme, y eso sería mucho más peligroso que ser mordido.

Las pocas personas que conozco son extremadamente serviciales. Si pido a alguien que me pase algo de comer —porque no me dejan entrar en ningún sitio—, suelo pedir también un café. La comunicación, eso sí, resulta cada vez más difícil. Con los que han vivido en Alemania funciona, pero casi nadie sabe hablar inglés.

Me acerco a Estambul por pequeñas carreteras de grava, en parte por pistas de tierra. Después del frío y la tristeza del norte de Macedonia y Bulgaria, montar en bici vuelve a ser muy divertido aquí en Turquía. El sol brilla. El paisaje y el ambiente, ya ligeramente oriental, son encantadores. La gente es amable.

Estambul

Es lunes cuando llego a Estambul. Terminado el paro del fin de semana, la metrópoli ha retomado el habitual y caótico tráfico. La ciudad se extiende por un área metropolitana de más de ciento cincuenta kilómetros. Decido tomar la autopista, que se amplía de dos a cuatro, luego a seis y finalmente a diez carriles... Todas las carreteras secundarias están irremediablemente congestionadas. Como la mayoría de las veces hay paradas, no es especialmente peligroso; a veces soy incluso más rápido que los coches. Es un caos de tráfico increíble, solo recuerdo uno parecido en Nairobi.

En el centro me encuentro con Simon, un ciclista que ha viajado desde Alemania a Turquía y está alojado aquí. Ha alquilado un Airbnb y me ha invitado a pasar la primera noche en Estambul.

Hay mucho que hacer en Estambul, así que me quedo en la ciudad unos días. Tengo que aprovechar el tiempo para visitar varios consulados. La cuestión es dónde ir a partir de aquí. La ruta del sur a través de Irán, Pakistán, India y China es intransitable en este momento, porque todos los países al este de Turquía han cerrado sus fronteras a los turistas. Podría conseguir visados de negocios que me permitieran entrar en avión. Las fronteras terrestres están cerradas.

Por supuesto, visito esta gran ciudad y todas sus mezquitas, Santa Sofía, el Bósforo y el Cuerno de Oro. Disfruto de la maravillosa comida, me dejo llevar por las callejuelas y los mercados. Con mis zapatillas de ciclismo tengo que caminar con cuidado sobre el pavimento lleno de baches para no resbalarme (no llevo ningún otro calzado que ponerme).

En el Consulado General de Rusia

La única opción realista que queda es la ruta del norte a través de Rusia. Si entro ahí, tengo pasaje gratis a Vladivostok. Así que intento ponerme en contacto con el consulado ruso. No puedo comunicarme por teléfono y nadie contesta a mis correos electrónicos. Desgraciadamente, esta es una práctica común en la mayoría de los consulados, las llamadas no se responden. Así que intento ir en persona. Me pongo en la cola frente al edificio, pero no me dejan entrar. El servicio de visados para extranjeros se ha suprimido. «Ni rusos ni turcos. Póngase en contacto con el consulado de su país. *Nyet*, no hay entrada». El portero, entrenado para deshacerse de los visitantes, me cierra la puerta en la cara.

No me muevo de allí. Simplemente me niego a irme. Puedo estar con mi equipo de ciclismo esperando durante otra hora. Y otra. En la valla con los chinos estaba con mi chaleco de neopreno. Vencí a los guardias fronterizos turcos con una resistencia ilimitada. No tengo nada mejor que hacer hoy. Después de todo, entrar aquí y conseguir un visado es lo único que debo hacer durante la jornada.

Y vuelve a funcionar: en algún momento sale un hombre que habla inglés y con el que al menos puedo charlar. Empieza a interesarse por mi historia. Promete encontrar a alguien que pueda ayudarme. Me dice que espere.

Espero...Pasados veinte minutos, vuelve. Lamenta no poder hacer nada más por hoy, pero si vuelvo mañana a la misma hora tendré una cita.

—¿De verdad? Vale, es mejor que nada.

Al día siguiente estoy allí temprano y me dejan entrar, aunque tengo que esperar otra hora. El empleado del consulado al que presento mi solicitud huele a *aftershave*. Me mira con los ojos entrecerrados y no dice nada. Intento una pregunta directa.

—¿Hay alguna forma de entrar en Rusia por la frontera terrestre?

—No.

—¿Hay algún otro lugar donde pueda solicitarlo?

—No.—

¿Es posible hablar con uno de sus supervisores?

—No.

—Debe haber una manera. Los camiones también cruzan la frontera terrestre todo el tiempo, ¿verdad?

—No.

—¿Podrían ayudarme en la embajada de Ankara?

—No.

Su inglés activo se limita a esa palabra: no. Es suficiente para la tarea para la que ha sido entrenado. Tras cinco minutos, da la cita por terminada.

Volcado

Cuando me fui de Múnich ya sabía que podía pasar algo así. Desde entonces la situación con respecto al coronavirus no ha mejorado precisamente. En cualquier caso, la visita a la embajada rusa me deja clara una cosa: que no funcionará de la manera convencional. El problema no es ni siquiera la entrada en sí, sino que podría hacerse de alguna manera en avión. Pero volar va completamente en contra de mis planes. He de hacerlo de otra manera. Tengo muchos contactos a través de las redes sociales, alguno de ellos en círculos políticos y diplomáticos. Tengo que intentar movilizar a personas que puedan marcar la diferencia a un nivel superior. Eso requerirá paciencia. Pero esta vez no voy a batir un récord de velocidad. Tengo tiempo. Al final, de una manera u otra, desaparecerá.

Estoy haciendo algunos arreglos a Esposa, pero no con todo el éxito que quisiera. Desde Dubrovnik he estado montando una palanca de cambios improvisada. Me han enviado una nueva pieza original a Estambul, eso fue hace quince días. Pero, cuando fui a recoger el paquete, todavía estaba bloqueado en la aduana turca. Quiero salir de la ciudad. Hasta que se resuelva el asunto del visado, es mejor seguir avanzando. Es muy sencillo, tengo que mantener el rumbo previsto, así que continúo hacia el este de Turquía, con un giro hacia el sur hacia la costa mediterránea. A continuación, seguiré por la frontera siria hasta la frontera iraní y aquí giraré hacia el norte a través de las montañas —donde debería hacer bastante frío, una buena preparación para Siberia— hasta la frontera con Georgia. Durante este tiempo, tendría que haber surgido una solución, por lo que lo ideal sería atravesar Georgia y cruzar el Cáucaso hasta llegar a Rusia, así habría cubierto ya un buen trecho. Es un desvío, por supuesto —sería mucho más corto a lo largo del mar Negro—, pero tengo que entretenerme un poco y mantenerme en buena forma.

Al otro lado del Bósforo

Vuelve a ser fin de semana y aprovecho el toque de queda para irme de Estambul sin el caos del tráfico. Antes de que salga el sol, cruzo el Bósforo en ferri, porque el gran puente está cerrado a los ciclistas, y aquí no hay excepción para mí. Una pena.

El barco está casi vacío, ya que, aparte de los turistas extranjeros, no se permite a nadie salir en este momento. Simon y su novia Karo me esperan al otro lado y me acompañan durante un rato, pero finalmente se quedan atrás.

En mi recorrido siempre se me unen ciclistas que han venido siguiendo en las redes sociales, con ganas de hacer más o menos kilómetros a mi lado. Algunos son más rápidos que yo, otros más lentos. He adquirido el hábito de ceñirme a mi ritmo y no mirar el que llevan los demás.

Hoy estoy pedaleando por la parte asiática de Estambul, y eso significa ciento treinta kilómetros de zona urbana y urbanizada

por todas partes, barrios industriales y residenciales sucios, especialmente sombríos por la lluvia constante. No hay ni un solo espacio abierto y eso no resulta divertido.

Durante los días siguientes, mi ruta me lleva a lo largo de la costa, alrededor del mar de Mármara, a veces con un desvío por las colinas de los alrededores, siempre por carreteras pequeñas. Llueve a todas horas y el viento es tan fuerte a veces que casi me tira de la bici. Brutal. Las carreteras, incluso las asfaltadas, están totalmente embarradas, una vez casi me quedo atascado en el barro. La suciedad hace que la cadena se vea sometida a un esfuerzo cada vez mayor, ya que sigue saltando de la rueda dentada. Eso me obliga a lavar la bicicleta todos los días.

La gente de nuevo se muestra muy amable. La zona es muy hermosa, espectacular. En algunos pueblos pequeños a menudo me invitan a merendar.

Vuelvo a encontrarme con Karo y Simon, que no rodearon todo el mar de Mármara, sino que atajaron por el brazo más oriental en ferri. Acampamos juntos una noche.

De nuevo en el Mediterráneo

El miércoles cruzo un puerto y, de repente, el tiempo cambia por completo; hace un momento estaba gris y con niebla, ahora hace sol y calor. La carretera del puerto baja hasta el mar Egeo. El paisaje se vuelve mediterráneo: hay olivos, playa y mar. De ensueño. Sin embargo, no tomo la concurrida carretera de la costa, sino que prefiero quedarme arriba, en carreteras más pequeñas, por las montañas. Quiero pedalear alrededor de Esmirna y luego buscar una franja costera más aislada.

En cuanto al resto de mi plan de viaje, aún no hay nada concreto. En Estambul ya había escrito en Facebook que tenía dificultades para entrar en Rusia, tras lo cual recibí muchos comentarios. Uno de ellos me dijo que no debía ser tan alemán correcto, sino que lo que debía hacer era sobornar a los guardias fronterizos en algún pequeño paso para que me pasaran de contrabando y luego volvieran a salir por el mismo camino.

Otro me aconsejó que me diera por vencido: no se podía hacer nada, estábamos en una pandemia. «Gracias por el buen consejo, pero ni lo uno ni lo otro es una opción», les dije.

También algunos comentarios alimentan un poco la esperanza. Un seguidor, al parecer un alto diplomático del Ministerio de Asuntos Exteriores, se ha ofrecido a darle solución a la cuestión con un colega ruso. Todavía no he entendido muy bien cómo será esto en términos concretos. Siento mucha curiosidad por ver qué resulta de ello. En cualquier caso, el Ministerio de Asuntos Exteriores no hará nada directamente. Tengo que buscar un plan alternativo.

El monte Sípilo

Al menos las condiciones atmosféricas vuelven a comportarse bien conmigo. Con fresco y sol recorro pequeñas carreteras de montaña en el interior de los alrededores de Esmirna. Hacia el atardecer afronto el inicio de la subida al Sípilo, de mil cuatrocientos metros de altura. Es un esfuerzo bastante largo y al anochecer solo voy por la mitad del camino... Llego un bonito lugar, que parecer estar invitándome a montar mi tienda y

hacer una hoguera. Acampar en noviembre. Siento que estoy en el lugar correcto.

Por la mañana recibo la visita de dos perros muy simpáticos, que exploran mi campamento y se tumban tranquilamente bajo el árbol de al lado. Me subo a mi bicicleta y tomo el camino hasta Sípilo, desde donde tengo una vista de las bulliciosas ciudades, abajo en la llanura y el mar. Luego mi intención es rodar hacia la costa. Todo es muy bonito.

Navidad en la tienda

Es una Nochebuena inusual. Acampo en un olivar cerca de Bodrum. Pido un kebab para celebrarlo y me pongo cómodo. Aquí no se celebra la Navidad, por supuesto, ya que Turquía es un país musulmán, pero eso forma parte del viaje. No es la primera vez que me hago mi propio regalo de Navidad. Y con la tecnología moderna no importa dónde estemos: puedo asistir a la fiesta de Navidad de mi familia desde mi teléfono móvil. Me tumbo en una tienda de campaña en Turquía y escucho a los niños cantar villancicos a dos mil kilómetros de distancia. Puedo verlos a todos, hablar con todos. Estoy lejos y, sin embargo, de alguna manera también estoy en casa.

Bodrum

Al día siguiente, en Bodrum, me encuentro con un triatleta local al que envié un paquete hace cuatro semanas. Todavía está atascado en la aduana turca —al igual que mi palanca de cambios, por cierto—. Hacemos un pequeño recorrido por la península de Bodrum, que está llena de hoteles-castillo. Tiene unas pequeñas carreteras de ensueño junto al mar en la parte de atrás. El tiempo es maravilloso.

Mis etapas diarias no están superando los ciento veinte a ciento sesenta kilómetros, lo que no es mucho. Un días me doy cuenta de que voy en la dirección equivocada y tengo que retroceder. Al día siguiente, de nuevo solo, me encuentro con una playa de guijarros aislada. Por una corazonada, me desvío por un pequeño camino de grava que conduce a través de un olivar hasta el mar. Estoy solo, hace calor, el día está terminando y no tengo nada más que hacer hoy, así que me doy un chapuzón en el mar, que no está tan frío. Luego enciendo fuego y me acuesto a descansar. Finales de día como este son una de las mejores recompensas de mis viajes.

No avanzo

El día siguiente llueve sin parar y las calles sufren inundaciones. Estoy atascado de nuevo, también en sentido figurado. He oído en los círculos diplomáticos más elevados que Rusia no expide por el momento ningún permiso de exención a los alemanes. Oficialmente se aduce como motivo la pandemia, pero extraoficialmente está bastante claro que se debe a la relación entre Alemania y Rusia, muy tensa actualmente, tan cerca del punto de congelación como las temperaturas en las carreteras del paso turco, debido al asunto Nawalny.

Tendré que aceptar que la ruta rusa está cerrada, por lo que no puedo llegar más al este. Eso hace que las cosas se pongan bastante complicadas. Abandonar está fuera de lugar, por supuesto. Pero ¿podría llamarse triatlón alrededor del mundo si me tomo un descanso de unos meses?

Prefiero trabajar en el plan C: invertir el sentido de mi ruta. Eso significaría volver al oeste, más hacia el Atlántico, a Portugal por ejemplo, e intentar subir a un barco allí que vaya a Estados Unidos. Allí haría la carrera en sentido contrario, de este a oeste, y esperaría que en los meses que pasaran la situación política y el asunto del coronavirus se relajara lo suficiente como para poder llegar desde la costa oeste de Estados Unidos a través del Pacífico hasta Asia, ya sea Rusia, ya sea China. Quién sabe...

El hecho de que hayan surgido nuevas mutaciones del virus no mejora las cosas. Además, no está claro cuáles serán los requisitos para entrar en Estados Unidos una vez que Joe Biden sea investido presidente. Tengo razones para mantener la calma y seguir esperando. Hay peores lugares para pasar el invierno que la costa sur de Turquía. Las condiciones parece que mejorarán mañana y entonces exploraré la península de Datça, que se adentra en el Egeo entre Rodas y Kos. Hay otro cierre de cuatro días, lo que significa que las carreteras estarán vacías. Solo a mí, como turista extranjero, se me permite circular libremente.

Cruce hacia Antalya

Continúo por la costa hacia el sureste. Por el momento soy más un cicloturista que el practicante de un deporte extremo. El tiempo se porta bien conmigo. La zona es maravillosa, tiene muchas bahías solitarias. Hay veinte grados y la temperatura del agua también es lo suficientemente buena para nadar. Voy a pasar la

Nochevieja en un hotel. Tenía la esperanza de encontrar una cerveza en algún lugar, pero todo cierra a las nueve de la noche.

En Fethiye vuelvo a encontrarme con Simon y Karo, que han tomado una ruta más directa desde Estambul. Simon me acompaña a escalar la Babadağ, de mil novecientos setenta metros de altura. La subida desde el nivel del mar a lo largo de veinte kilómetros, con varias pendientes del veinte por ciento, es más dura que cualquiera de las que conozco de los Alpes. La recompensa es una magnífica vista del mar y de las montañas nevadas de Tauro en el interior. Condiciones alpinas en la cima, playas de ensueño a diez kilómetros y... ¡tiempo para bañarse!

Acampo en la playa durante dos días más y aprovecho que tengo mucho tiempo libre para hacer pequeñas excursiones por los alrededores. Me escapo de ser víctima de un curioso accidente solo por suerte: un coche que me adelanta pierde de repente una de sus ruedas y viene en mi dirección. El coche hace una parada de emergencia y yo pego un salto al prado junto a la carretera que me salva del impacto. Solo me llevo unos pocos arañazos. El volante de la bici se ha mantenido intacto, al igual que la palanca de cambios improvisada.

¿Marcha atrás?

He llegado a Antalya, donde quiero hacer algunas compras y participar en una sesión de fotos con la sucursal local de Deichmann-Schuh (no es mi patrocinador y por lo tanto no llevo descuento en los zapatos...).

He decidido no ir más al este porque no tiene sentido. La puerta a Rusia sigue bloqueada y la frontera con Georgia también. Me encuentro en un callejón sin salida.

Mientras tanto, he conseguido contactos con el Comité Olímpico Ruso que podrían ser útiles, pero no sé qué hacer realmente. La política deportiva me podría ayudar, y eso me alegraría mucho, pero no quiero confiarme demasiado.

Por eso, ahora me estoy concienciando en que tendré que echar mano del plan C. Pido ayuda a mis seguidores en Facebook e Instagram: «Estoy buscando un velero que me lleve a cruzar el Atlántico hasta la costa este americana en febrero, marzo o abril. ¿Alguien puede ayudarme?». Son muchos los comentarios que llegan deseándome suerte, algunos prometiendo preguntar por ahí y otros aconsejándome que abandone el viaje. Hay quien dice que toda mi aventura es poco ética: ¿cómo justifico un viaje alrededor del mundo cuando todos los demás están encerrados en sus casas? ¿Por qué puedo tener yo este privilegio? Yo lo veo de otra manera, depende de cómo se viaje. Estoy al aire libre casi constantemente, en tiendas de campaña y teniendo un mínimo contacto cara a cara con otras personas. Mi riesgo de contraer el virus es mínimo; el riesgo de ahogarme o de ser atropellado por un coche en marcha es infinitamente mayor. Por eso también es muy poco probable que infecte a otra persona. En la vida sedentaria de las ciudades esto es mucho más probable.

Además, es mi trabajo. También se celebran otros eventos deportivos, como el Campeonato Mundial de Balonmano en Egipto. Si recorro Siberia en bicicleta solo, aumento el riesgo de infección en este mundo a cero por ciento. Puedo entender la pregunta, pero carece de contexto. Ni que decir tiene que me comporto con mucha cautela en todas partes. Trato a los demás con la debida consideración y respeto, y soy muy prudente, por interés propio, porque una enfermedad pondría en riesgo finalizar mi recorrido.

Una invitación

Incluso después de este paso hay que esperar. Al este o al oeste, dependo de la ayuda de los demás. En esta situación, no tendría sentido moverse en ninguna dirección. Ahora la ayuda viene de otro lado: Rami, ciclista y seguidor mío, es dueño de un piso de vacaciones vacío en Göcek y me ha invitado a quedarme allí.

Göcek está situado en el golfo de Fethiye, justo al lado del mar. En el interior hay montañas con pequeñas carreteras, perfecto para poder entrenar y al mismo tiempo un lugar fijo donde poder hacer el trabajo en las redes sociales, terminar los preparativos y mantener mis contactos. Aquí paso el resto de enero haciendo *footing*, senderismo y ciclismo. Rami me acompaña a veces y dos días me voy de viaje con Serkan, un periodista que trabaja para la Deutsche Welle en Turquía. Doy entrevistas a distancia y trato de no comportarme como un perezoso. Pero tengo que admitirlo: el parón es forzoso.

Sudeste de Europa

•••••••••••••••••••••••••• 2750 km, 115 horas.

¿Cuándo se llega a Transnistria?

Las vacaciones están muy bien y Göcek me resulta especialmente agradable, pero tras dos semanas ya no me encuentro bien allí. Ya estoy bastante recuperado y por fin tengo un objetivo. Parece que es el momento de seguir adelante; sin embargo, no hay ningún velero a la vista que me ayude a cruzar el Atlántico.

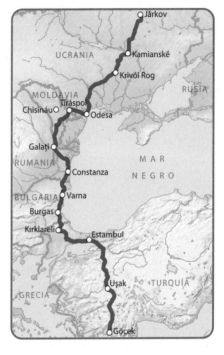

Se abre una puerta

A principios de febrero me llega una sorprendente noticia: todavía podría conseguir un visado para pasar a Rusia. Ciertas personas con buenos contactos están orquestando una intensa campaña en mi favor. La Unión Alemana de Triatlón, la DTU, y el Foro Germano-Ruso se ponen en contacto con el Comité Olímpico Ruso, que acepta apoyar mi causa. Al final consigo que el Ministerio de Deportes ruso se sume. Se supone que al final de la semana me darán un visado, que podré recoger en el Consulado General de Estambul.

La piel se me eriza, ya nada puede retenerme en Göcek. Recojo frenéticamente mis cosas, agradezco a Rami una vez más su enorme generosidad y me pongo en marcha. No quiero perderme el invierno en Rusia, ¡para eso me había preparado en la fría cámara del Deutsche Bahn! Como la frontera con Georgia sigue cerrada, volveré a Bulgaria y, a través de Rumanía y Moldavia, a Ucrania, rodeando el mar Negro por la izquierda.

¡Adelante!

El lunes 8 de febrero nos ponemos en marcha. Mis piernas se han vuelto algo perezosas, ya han olvidado lo que significa pedalear. Pero pronto se despertarán. Tomo la ruta directa por las montañas, cruzando varios pasos entre ochocientos y mil doscientos metros. Inmediatamente me adentro en un paisaje encantado y completamente diferente, alejado de las rutas turísticas habituales. Se parece un poco al Jura suizo: tiene amplias mesetas y nieve en las montañas. Estoy en Anatolia. Todo da la impresión de ser más tradicional y conservadora que en la costa. Pero, eso sí, la gente sigue siendo igual de amable.

La primera noche tengo mucha suerte: en primer lugar llego a un restaurante donde me dan de comer algo delicioso; en segundo lugar, el local tiene un anexo de madera donde puedo pasar la noche. La sala probablemente sirva como salón de banquetes en verano. Está dispuesta con amplios y cómodos cojines en el suelo, sobre los que me tumbo. Por la noche hace mucho frío en la meseta de Anatolia y me alegro de no tener que dormir hoy en mi tienda.

El siguiente revés

Al día siguiente me informan de que, finalmente, mi visado para Rusia no está preparado en Estambul y que en su lugar se me expedirá una carta de invitación, con la que podré solicitar un visado, pero solo en un consulado de mi país. No tengo que volver a Alemania para ello, puedo hacerlo en cualquier país del espacio Schengen, pero no es posible en Turquía... Ya he tenido que luchar contra corrientes peligrosas, tormentas de nieve, hambre y sed, pero lo que realmente me está complicando la vida es la burocracia. Y no es exclusivo en Rusia, es una práctica común en muchos países.

El país Schengen más cercano sería Grecia. Bulgaria y Rumanía pertenecen a la UE, pero no al espacio Schengen. En Grecia tendría que estar en cuarentena al entrar. Además, la frontera entre Grecia y Turquía está cerrada, por lo que la única vía sería a través de Bulgaria, donde habría que realizar una prueba adicional. Todo un lío para recoger un visado.

Por suerte tengo dos pasaportes.

El miércoles me desvío por la ciudad de Uşak, donde hay una agencia DHL, y envío desde allí uno por correo urgente a mi padre, Sammy Deichmann, a Suiza, junto con un poder notarial. Suiza no está en la UE, pero sí en el espacio Schengen.

Por supuesto, me han confirmado que esto es posible, así no tendría que ir en persona. En cualquier caso, la carta de invitación debe ir segura, viene de lo más alto del Ministerio de Deportes ruso. Se enviará directamente a Berna. Mi padre está autorizado a solicitar el visado por mí. Hasta aquí la teoría.

Esperemos que realmente funcione.

La situación se está complicando demasiado y solo espero que se solucione ya para que pueda concentrarme en lo que realmente me importa, pedalear. El pasaporte con el visado tiene que llegar a tiempo, no tengo otra opción. No puedo esperar más ni dar más rodeos. A ver quién es más rápido, mi pasaporte con DHL o yo en la bici.

El jueves, un cálido viento del sur me empuja desde atrás, lo que aprovecho para acelerar hasta poco antes de Estambul. Después, se anuncia un cambio de tiempo, con un frente frío del este que supuestamente traerá temperaturas bajo cero y nieve. «Otro buen entrenamiento para Siberia», pienso para mí.

Nieve

Para atravesar Estambul y evitar el caos de tráfico, lo que hago es conducir hasta las afueras de la ciudad el viernes y aprovecho el cierre del fin de semana. Poco antes de llegar, tengo que cruzar un puerto de mil cuatrocientos metros de altura, así tengo mi primer contacto con Siberia. No me resulta nada divertido, porque todavía no llevo el equipo de invierno adecuado. Las fuertes ráfagas de nieve a ocho grados bajo cero me dan un frío tremendo. En la ciudad también hace mucho frío; eso sí, la vista es encantadora: los tejados, los minaretes y las palmeras están cubiertos de blanco. Estambul se encuentra bajo un manto de nieve.

Me acompaña en la ciudad un ciclista local, que en realidad debería estar en casa debido al cierre, pero se escabulló porque quería recorrer veinte kilómetros conmigo. No hay demasiado control en las calles aquí.

Por la tarde, cruzo el Bósforo y paso la noche en el lado europeo, en el mismo hotel en el que me había alojado hace dos meses. El hombre de la recepción todavía se acuerda de mí. A ninguno de los dos se le habría pasado por la imaginación volvería tan pronto.

Más nieve

A la mañana siguiente, domingo, el día comienza con la mayor nevada sobre Estambul de los últimos veinticinco años. Los noticieros de televisión están llenos de información sobre la catastrófica situación de la ciudad. Hace poco menos de cero grados, el viento frío del norte silba y el aguanieve se acumula en las calles. No son unas condiciones que te choquen demasiado si vienes de un país del norte como yo, pero aun así es poco recomendable practicarlo en estos casos. Tengo dudas sobre si

debo salir o no. El bloqueo termina de nuevo el lunes, pero el tráfico, ya de por sí caótico, se ve agravado por el tiempo.

Así que me cojo mi bicicleta y salgo a la nieve. Es brutal. A veces no sé si sigo en la ciudad o ya estoy fuera, tan poca es la visibilidad que tengo por culpa de la tormenta. Finalmente vuelvo a la autopista. Llevo la ropa mojada desde hace tiempo, hasta la capa interior. El viento sopla con tanta fuerza que cada giro de los pedales se convierte en un reto. Me estoy congelando y solo avanzo setenta kilómetros ese día.

Y más nieve

El cierre ha terminado, pero las condiciones no han mejorado. Ahora prefiero seguir por carreteras más pequeñas. De repente, llega otra tormenta de nieve; la de ayer, comparada con esta, fue una brisa de verano. Se desata el caos en las carreteras: los coches derrapan, chocan entre sí, se atascan. Los quitanieves no pueden seguir el ritmo, obviamente no están preparadas para esta situación tan extrema. Tengo que bajarme y empujar yo mismo la bici, vigilando sin pestañear que alguno de los coches que se deslizan impacte conmigo.

Como las pequeñas locales están bloqueadas, vuelvo a la autopista para avanzar. Pero aquello no está exento de peligro, ya que los arcenes son en algunas zonas intransitables debido a la nieve acumulada. Al menos llego a Kırklareli, la última ciudad importante antes de la frontera búlgara. Aquí me hago el test de coronavirus que necesitaré a la mañana siguiente, cuando vaya a entrar en Rumanía.

El pasaporte equivocado

Después de hacerme la prueba, me voy inmediatamente, pues no debe tener más de cuarenta y ocho horas. He de darme prisa para pasar por Bulgaria. No es lo ideal en estas condiciones. La frontera está en un paso de la Strandscha, la cordillera fronteriza entre Turquía y Bulgaria, donde vuelve a hacer un frío intenso. Mi termómetro me muestra nueve grados bajo cero.

En el paso fronterizo crece mi nerviosismo. He enviado uno de mis pasaportes a Suiza, el que tiene el número con el que se emitió mi carta de invitación para el visado ruso. También entré en Turquía con este pasaporte, lo que significa que no llevo el sello de entrada en el que quería utilizar ahora para salir. El visado era la máxima prioridad: debía salir de Turquía fuese como fuese.

Por supuesto, los funcionarios turcos de la frontera se dan cuenta inmediatamente. Comienza así una larga discusión sobre cómo he entrado en Turquía sin sello de entrada. Al final, no me queda más remedio que explicarles los hechos, algo confusos. Sorprendentemente encuentran mis explicaciones convincentes: se muestran amables y me dejan pasar.

En el lado búlgaro soy el único que lleva mascarilla. Ni a los funcionarios de la frontera ni a la gente del departamento de salud parece importarles que estamos en pandemia.

A través de Bulgaria

Voy a ir en coche a Bulgaria. Tengo que darme prisa para llegar antes de que se cumplan las cuarenta y ocho horas de validez de la prueba. También tengo una cita con Markus Weinberg en Constanza, en la costa rumana del mar Negro; me acompañará desde allí hasta Ucrania y grabará para la película. Estoy deseando conocerlo. Además, el tiempo vuelve a mejorar, incluso el sol hace acto de presencia a veces.

Bulgaria no es uno de mis países favoritos precisamente. Se confirma la impresión que ya tenía a principios de diciembre: todo es gris y la arquitectura aún muestra signos de comunismo. El paisaje es ligeramente ondulado, casi como el de Alemania.

Todo está cerrado por culpa de la pandemia y, como la temperatura es bajo cero, no tener ningún sitio al que ir no resulta agradable. Por la tarde paso por Burgas, la primera ciudad de la costa del mar Negro, y me quedo esa noche a la intemperie, en unas ruinas. Son unas pocas habitaciones de un edificio sinuoso, que puede haber sido una fábrica. Llamar acogedor al lugar sería una exageración, pero tendrá que servir.

Al día siguiente vuelve a nevar. Acelero y atravieso Varna por la noche. Estoy a cuarenta kilómetros de la frontera rumana, donde tengo que montar mi tienda sobre la nieve en un bosque. Ahora sí que echo de menos mi equipo de invierno. El frío atraviesa la alfombra desde abajo y durante la noche no pego ojo, helado de frío. Por la mañana vuelve a haber nueve grados bajo cero.

Una llamada desde Suiza

Detrás de Varna, el paisaje se vuelve absolutamente monótono: tierras de cultivo planas con caminos rectos y muertos. Por fin llego a la frontera. Los guardias rumanos son superamables conmigo, me dan la bienvenida y me hacen señas para que pase. A nadie le interesa que le enseñe mi prueba.

Llego a Constanza a tiempo, pero Markus llega tarde: su avión aterrizó a su hora en Bucarest, pero el tren no aceptó su bicicleta, así que tuvo que coger el autobús.

Paso el tiempo de espera mirando en Internet y descubro que Georgia ha reabierto la frontera. ¡Oh! Bueno, demasiado tarde. Cruzar el Cáucaso me hubiera gustado mucho, pero ahora no voy a volverme atrás.

Por fin llega. Salimos a cenar y a buscar un hotel. Markus graba unas cuantas escenas. Recibo otra noticia, no demasiado buena: mi padre me comunica que tiene problemas con la solicitud de mi visado para Rusia en Suiza...

Sammy Deichmann en Berna

Mi padre me dice que no era cierto que solo tuviera que recoger el visado en la embajada de Berna, lo único que he recibido es una carta de invitación para solicitarlo. Enseguida queda claro lo que significa: primero tenía que rellenar un montón de formularios y llevar algunos documentos.

—Llevo el pasaporte de Jonas encima, por supuesto, y también el poder notarial que me permite hacer la solicitud en su nombre —le dice mi padre al funcionario.

—Pero el poder...

—Bueno, sí, el poder...

—Tiene que preguntar si ha pasado por un notario —precisa el funcionario, muy correcto.

—No, no ha pasado.

—Pues debe hacerse así.

Me sigue contando mi padre:

El funcionario se comportó de un modo educado y correcto, yo también. Tenía que hacer cuarenta y cinco kilómetros para la certificación notarial.

Un notario, de mi familia, acudió a petición mía y confirmó con una carta y un sello que yo era el padre de Jonas, que el poder era auténtico y que la firma no está falsificada.

Vuelvo y presento el paquete de documentos. El funcionario empieza a hojearlos. Es muy educado y correcto.

—Muy bonito —dice—, pero por supuesto el solicitante tiene que firmar también la solicitud.

—Bueno, creo que puedo firmar por él, estoy autorizado. Aceptas el poder ahora, ¿no?—Sí, muchas gracias. El poder está bien. Pero mira aquí: «Firma del solicitante de su propia mano».

—Pero él está en algún lugar de Rumanía o ya en Ucrania. ¿Cómo te imaginas que lo voy a encontrar?

Pregunta inútil, no me responde. El funcionario es educado y correcto, como dije. Parece haberse quedado impresionado y tener ganas de ayudar.

—Si pudiera esperar fuera unos minutos... Quizá haya una solución técnica para esto.

Después de media hora vuelve: ha encontrado la solución.

La revisión de los documentos continúa:

—Oh, aquí hay otro problema... Eso también se puede eliminar, y uno o dos más.

Pero entonces aparece un obstáculo del que no es tan fácil librarse. El número de pasaporte de Jonas se menciona en la carta de invitación, pero está equivocado. Con todas las idas y venidas, y la enrevesada comunicación a través de canales no del todo claros, esta información, crucial, se había extraviado. Aunque Jonas había vuelto a preguntar.

—Me temo que eso no es posible. El número debe ser el correcto. No puedo expedirle el visado con este pasaporte. Lo siento mucho.

Le creo, parece realmente afligido, y tengo que volver a irme sin haber conseguido nada.

Llamo a Jonas para ver si la carta de invitación se puede reescribir, esta vez con el número de pasaporte correcto. Pero desechamos inmediatamente la idea. La primera vez tardó semanas, y tener que pasar por tantas oficinas no me agrada demasiado. La única solución es intercambiar los pasaportes.

A pesar de todo... ¡seguimos adelante!

Intercambiar pasaportes no es tan fácil. Después de todo, todavía tengo que cruzar algunas fronteras. Acordamos que mi padre envíe uno de ellos a Kharkiv, en Ucrania, porque es allí donde quiero cruzar la frontera con Rusia. Todavía tengo que cruzar primero las de Moldavia y Ucrania; luego enviaré el pasaporte que tengo conmigo a Suiza. Así que, dentro de Ucrania, solo podría mostrar mi documento de identidad alemán, en el peor de los casos, pero no pasará nada, es un riesgo controlable.

Así que... ¡adelante! Markus y yo salimos de Constanza hacia el mediodía y continuamos por interminables carreteras sin salida, a través de monótonos campos y zonas industriales a las que está prohibido acceder. Es industria pesada de la época comunista. En realidad, Rumanía es para mí un país hermoso, pero en este rincón no es así en absoluto. No llegamos muy lejos este día, solo hacemos setenta kilómetros.

Por la noche encontramos un establo abandonado donde podemos pasar la noche. Un gran lugar para dormir que incluso nos sorprende con un olor fresco y limpio.

Nos permitimos una visita al restaurante del pueblo, también para calentarnos, porque los *pubs* de Rumanía vuelven a estar abiertos. La gente es muy amable. Un vecino de mesa nos ofrece una botella de aguardiente que todavía está un cuarto llena.

Es imposible rechazar una invitación así aquí. Nos lo bebemos y nos retiramos al establo de buen humor.

Al día siguiente, a pesar de que tenemos una ligera resaca, nos esforzamos por llegar a Galați, ciudad que se encuentra justo antes de la frontera con Moldavia. Son unos ciento cuarenta kilómetros. Primero probamos por un camino de grava, pero al poco tiempo se convierte en una auténtica pista de barro. Así que volvemos a las aburridas carreteras rurales. Al menos ya no hace tanto frío. Por la tarde el paisaje se vuelve un poco más variado, pues aparecen algunas colinas. Ya es de noche cuando llegamos a las orillas del Danubio, que aquí tiene más de un kilómetro de ancho. Lo cruzamos en ferri y pasamos la noche en Galați.

Moldavia

También podríamos cruzar desde Rumanía directamente a Ucrania, evitando Moldavia por el sur, pero me hace especial ilusión este país, primero porque nunca he estado allí y segundo porque queremos intentar entrar en la república escindida de Transnistria. No sabemos exactamente qué restricciones de entrada tienen con respecto al coronavirus allí. Había algo en Internet sobre las rutas de paso. Cuando llegamos a la frontera, los agentes son razonables: nos dejan pasar rápidamente. En realidad, es un gran puesto fronterizo que normalmente tiene mucho tráfico, pero hoy parece que somos los únicos.

Seguimos por carreteras secundarias, en su mayoría de grava, primero en dirección norte y luego noreste. Todo parece relativamente llano, pero sube y baja sin parar: sumamos dos mil metros de altura al final del día. El paisaje no es precisamente espectacular, pero los pueblos tienen su encanto y la gente es de nuevo muy hospitalaria. Aquí parece que el tiempo se ha detenido.

No avanzamos mucho por estos caminos. Cuando oscurezca, habremos hecho unos ciento quince kilómetros. En un pequeño mercado hacemos algunas compras. Entablamos conversación con el vendedor. Sergei habla muy bien italiano. Yo también me defiendo en esta lengua (Markus se sorprende, no lo sabía). Como casi todas las personas que conozco en el camino, Sergei también muestra curiosidad por mi historia. Sacude la cabeza (como casi todo el mundo) cuando escucha mi historia e inmediatamente nos ofrece pasar la noche allí. Es camionero en su segundo trabajo y nos deja dormir en las literas de la cabina de su gran camión. Por la mañana incluso nos prepara el desayuno. Muchas de las personas que he conocido en mis viajes me han recibido con hospitalidad y amabilidad. Esa es también una de las razones —aparte de la dimensión puramente deportiva y del factor aventura— por las que me gusta tanto viajar. Las dificultades suelen venir de las autoridades, de algunos funcionarios demasiado obedientes y, por supuesto, del coronavirus.

Al día siguiente, los encuentros continúan. Aquí se añade el factor curiosidad. Nos hemos detenido brevemente porque Markus quiere hacer unas fotos. Entonces pasa un ciclista local, que también se para y se dirige a nosotros.

—¿Eres alemán? Ven, tengo que enseñarte algo... —me dice el joven.

Iván ha vivido en Alemania un tiempo y todavía habla mi lengua lo suficientemente bien como para que nos entendamos. No pierde la oportunidad de mostrarnos su pueblo natal. Hasta 1940 vivieron aquí colonos alemanes (los llamados alemanes de Besarabia), que fueron llevados a casa del Reich al comienzo de la Segunda Guerra Mundial. Hoy en día todavía se pueden ver rastros de ellos por todas partes. Los habitantes parecen estar bastante orgullosos de esta historia. En cualquier caso, no nos dejan que nos marchemos hasta que nos tomamos otra cerveza con ellos. No conseguimos cubrir mucha más distancia ese día, pero seguimos pedaleando hasta llegar a nuestro destino del día, justo antes del río Dniéster. Hace tiempo que ha oscurecido.

Transnistria

Tras la desintegración de la Unión Soviética en los estados actuales, surgió un conflicto dentro de Moldavia entre la mayoría de habla rumana y la minoría de habla rusa, que vive principalmente en la estrecha franja al este del río Dniéster (Nistru en rumano, de ahí Transnistria) y la frontera ucraniana. Transnistria sigue formando parte de Moldavia según el derecho internacional, pero es un territorio independiente desde hace treinta años, aunque no está reconocido como país separado por ningún otro estado. Tiene su propio gobierno y administración, su propia moneda y su propio ejército.

Todas las fuentes de información disponibles, incluido el Ministerio de Asuntos Exteriores alemán, nos habían advertido de que la entrada en Transnistria no era posible por el momento. Queremos probarlo de todas formas.

Estoy igual de emocionado que un niño. Este lugar debe ser una reliquia de la época soviética, un viaje al pasado de Oriente. Se supone que hay dinero de plástico, monedas hechas de este material que son un medio de pago válido. Me gustaría uno de esos en la mano. ¿Es posible cambiar el dinero de Transnistria? Y, sobre todo, ¿llegaremos a entrar? Y si entramos, ¿volveremos a salir?

—Markus, si dejas que tu avión no tripulado llegué allí, podríamos estar en el gulag mañana. Lo sabes, ¿verdad? Estoy seguro de que todo es terreno militar.

Markus sonríe y dice:

—Transnistria es demasiado pequeña para los gulags. A lo sumo, allí hay cárceles normales. Y no estaremos más que unos pocos años.

—Bueno, tal vez solo logren derribar el dron...

—Y somos más rápidos que uno de esos oxidados tanques soviéticos si realmente pisamos el acelerador.

—Entonces, ¿lo hacemos?

—Claro que lo haremos. Si no nos dejan pasar, nos costará al menos cien kilómetros de desvío. En realidad, me apetece llegar a Rusia lo antes posible, esta es una oportunidad única. Quiero correr el riesgo.

Llegamos al borde de la meseta que hemos recorrido hasta ahora. Casi como dos comandantes antes de la batalla, nos situamos en la colina. El Dniéster fluye por debajo de nosotros en amplios bucles. En la otra orilla se encuentra Transnistria. Ya no hay vuelta atrás, así que nos vamos a la aventura.

La frontera no reconocida pero existente

Espera, espera... ¿Ya estamos en la frontera? ¿Quién es ese tipo de uniforme que silba detrás de nosotros? ¡Aún no hemos cruzado el río! Casi pasamos en coche. Sí, era un puesto de control.

Estamos en las afueras de Bender (Bendery), la única ciudad grande de Transnistria, en la orilla occidental del río. Por aquí pasa la frontera en realidad, aunque no esté anunciado; al fin y al cabo, Moldavia no reconoce a Transnistria, sino que la considera una parte (escindida) del país. Ahora, mirando al frente desde el pequeño puesto moldavo, vemos una barrera, algo de alambre de espino y militares de Transnistria.

Tras un breve control, el guardia fronterizo moldavo nos deja seguir. Rodamos por la amplia carretera hacia la frontera, nos bajamos y sacamos los pasaportes. Por cierto, no estamos solos: un moldavo también quiere cruzar.

¿Un moldavo? Vive en Berlín, es apicultor de profesión y quiere visitar la tumba de sus abuelos, enterrados en Transnistria. Encuentros como este me suceden una y otra vez en mis viajes. Habla alemán con fluidez. Es una suerte para nosotros, porque nos puede servir de intérprete, pues no se puede esperar de los guardias fronterizos de Transnistria que hablen otra cosa que no sea ruso, o quizás rumano. Y yo no sé nada de ninguno de los dos idiomas.

Los guardias fronterizos nos miran dudando, pero no nos rechazan inmediatamente. Intento explicar de qué se trata y que solo estamos de paso. Aquellos señores siguen pensándoselo, hasta que al final uno de los guardias coge nuestros pasaportes y desaparece en su cubículo. Esperamos. Parece un comienzo prometedor. Creo que va a funcionar.

Entretanto, por divertirme un poco, llamo a mi padre:

—Oye, que estamos aquí en la frontera de Transnistria. Markus acaba de ser detenido... Estaba sacando fotos con el dron y

se han puesto un poco nerviosos... Llamaron a los militares y se lo han llevado...

Mi padre se muestra muy preocupado, pero inmediatamente intenta ser constructivo.

—No tenemos ningún tipo de apoyo consular en Transnistria —continúo—. ¿A quién voy a recurrir ahora?

Lo mantengo en vilo durante cinco minutos más. Mientras, Markus intenta reprimir la carcajada. Al moldavo que espera con nosotros le hace menos gracia. Finalmente le desvelamos que es una broma y se ríe también con nosotros.

Al poco tiempo, el guardia fronterizo vuelve con los pasaportes y nos entrega una hoja de tránsito. Uno de los funcionarios dice que tenemos tres horas para pasar. El otro dice que un poco de retraso no es demasiado grave, pero que lo que bajo ningún concepto podemos es pasar allí la noche. Sin embargo, como hablan en ruso, no estamos del todo seguros de lo que quieren decir. Los guardias no han aceptado al intérprete moldavo como intermediario. No le hemos traído suerte. De alguna manera nos sentimos con conciencia de culpa, aunque no la tengamos.

Tiraspol

No sabemos muy bien dónde nos hemos metido, pero ya que estamos aquí y queremos ver cómo es el país. Cruzamos el puente sobre el Dniéster bajo una ligera lluvia y poco después llegamos a la señal que anuncia que llegamos a la capital, Tiraspol.

Es surrealista todo esto. Un poco prohibido y emocionante al mismo tiempo. En resumen, estamos encantados. Choco los cinco con Markus. He estado en muchos países del mundo, pero este es algo especial. ¿Quizás mi próximo objetivo debería ser visitar todas las regiones escindidas de las antiguas repúblicas soviéticas? Ya he visitado Transnistria, pero aún me faltan Abjasia y Osetia del Sur.

Al mismo tiempo, me siento un poco decepcionado. Hay casas, carreteras, tráfico y gente, todo es un poco como en cualquier otra parte del mundo. ¿Qué esperábamos? Eso sí, la época soviética sigue presente en Tiraspol: la hoz y el martillo en la bandera, el monumento al tanque, los edificios prefabricados y el monumento a Lenin frente al edificio del Gobierno. No hay comparación con la antigua RDA, tal y como la vivió Markus, y probablemente tampoco con la verdadera Unión Soviética. Tiraspol es una ciudad moderna, con calles anchas y limpias, y grandes bloques de apartamentos que desprenden una normalidad casi sedante. Se ve que se debe haber invertido mucho dinero en los últimos años. La ciudad da una impresión más próspera que la mayoría de lo que hemos visto en Moldavia. Es interesante... Creo que tenemos que dejar de lado algunas ideas preconcebidas que tenemos grabadas en nuestro cerebro.

Como solo hay cuarenta y cinco kilómetros hasta la frontera con Ucrania, aprovechamos para hacer un poco de turismo. Nos sentamos en un café del centro, comemos una hamburguesa y vamos asimilando lo que nos rodea. El café tiene una muy buena conexión a Internet, así que aprovecho para ponerme al día en las redes sociales colgando algunas publicaciones que no me fue posible subir en los últimos días debido a que la red era de mala calidad. Desgraciadamente, no consigo tener entre mis manos nada de ese dinero de plástico, aunque pruebo en algunas tiendas. Las monedas que me dan son de aluminio.

Por la tarde llegamos a la frontera y aquí las cosas se ponen interesantes de nuevo...

Primero hay un puesto de salida de Transnistria. Luego, ya en territorio ucraniano, el puesto de entrada de Moldavia y, finalmente, el de Ucrania. Estoy un poco nervioso porque nos hemos pasado unas horas, pero en ningún sitio nos ponen pegas. Ni siquiera nos avisan de que se ha sobrepasado el tiempo. Pasamos la noche en un pequeño hotel justo después de la frontera y por la mañana partimos hacia Odesa, a setenta y cinco kilómetros. El escenario vuelve a ser el mismo: carreteras rectas y muertas. El país tiene el mismo aspecto al este del Dniéster que al oeste.

La hermosa ciudad antigua del mar Negro

Odesa, por su parte, es una magnífica ciudad, con un encanto que produce nostalgia. El rico pasado está omnipresente: casas adornadas y edificios francamente magníficos se pueden ver en cada esquina. Muchos están algo deteriorados, lo que no hace más que aumentar el ambiente especial de esta maravillosa ciudad portuaria.

Llegamos sobre las dos de la tarde. Tenemos algunas cosas que hacer, como buscar una tienda de bicicletas, porque el arreglo provisional con mi palanca de cambios ha dejado de valer. Es probable que nunca me devuelvan el paquete de la aduana turca, así que Markus me ha traído una pieza original. También tengo que enviar mi segundo pasaporte a Suiza, para que se complete el asunto del visado.

Aprovechamos el resto del día para recorrer la ciudad. Markus se sorprende una vez más de que esté todo el día con

zapatillas de ciclismo, esté sobre la bicicleta o no. Por la noche nos han invitado a la inauguración de un café para ciclistas. Nos pasan un poco como vips, lo que por un lado es halagador pero por otro hace que me sienta un poco incómodo. Conocemos a Dimitri, que organiza cada año una gran carrera ciclista en Odessa y que fue vicegobernador de la ciudad. Una persona de buen corazón que sabe exactamente cómo se sienten los ciclistas y que comprende perfectamente todos los pequeños y grandes retos a los que nos enfrentamos. Después alargamos un poco la velada, porque aquí todo está abierto y por fin se puede ir a tomar una cerveza tranquilamente. Nos permiten pasar la noche en el piso de uno de mis seguidores, al que conocimos durante el día en un cibercafé y que ha trasladado su cita especialmente para nosotros. Resulta muy amable, quizá en exceso.

Calles ucranianas

Las condiciones de la mañana siguiente son perfectas: sol y un ligero viento de atrás. Queremos aprovechar la oportunidad y tomar una carretera principal a la salida de Odessa, pero rápidamente esta se convierte en un camino de grava. Sigue siendo

do la carretera principal, con mucho tráfico, pero es de grava durante setenta y cinco kilómetros. Seguimos recorriendo doscientos diez kilómetros. Al atardecer encontramos una solitaria parada de autobús en la oscuridad y allí nos instalamos para pasar la noche. Hace frío, cuatro o cinco grados bajo cero.

El día siguiente comienza de nuevo con grava y carreteras interminablemente

En el camino

Markus: Me parece un poco asqueroso... Lo único que tienes para andar son las zapatillas de ciclismo. No me imagino cuando están mojadas... Tienes que comprarte algo más. ¿Ni siquiera traes unas para correr o algo parecido?

Jonas: Así funciono de maravilla. Lo planeé tal cual desde el principio. Mi equipo es muy cómodo.

Markus: No te entiendo.

Jonas: Mira, aquí llevo un chaleco largo... En mi bolsillo tengo un par de pantalones largos...

Markus: Espera un momento... Cuando nos despertamos en la parada del autobús el otro día ya dijiste que hacía un poco de frío, ¿verdad?

Jonas: Sí, lo que no deja de ser un consuelo. Normalmente diría que el frío es intenso. Claro, todavía hará un poco en Siberia en marzo...

Markus: ¡Veinte grados bajo cero!

Jonas: Sí, pero supuse que serían cuarenta. Entre cuarenta y veinte bajo cero, eso es.

Markus: Veinte grados de diferencia, sí.

largas y rectas a través de paisajes grises. Llegamos a la ciudad industrial de Krivói Rog, centro de un distrito minero y de industria pesada de setenta kilómetros de extensión. Un poco como la zona del Ruhr, pero más deteriorada. La carretera es de seis carriles y hay bastantes coches. Vemos antiguas torres industriales y edificios prefabricados de la época soviética. Markus hace fotos y dibujos con el dron.

Hacia el atardecer estamos más tranquilos. Conducimos por una pequeña carretera asfaltada, aunque con baches y pasos de grava, siempre incluidos. Encontramos un hotel para pasar la noche. Lo que parece el banquete de una boda está terminando y nos invitan a tomar una copa. ¿O eran cuatro? Después nos metemos en la cama riéndonos como niños.

Nos quedan tres días para llegar a Kharkiv, desde donde quiero entrar en Rusia cuando llegue mi pasaporte con el visado.

En el Dniéper

Llegamos a la vieja e increíblemente deprimente ciudad de Kamianské, con su industria pesada, en el Dniéper, el mayor río de Ucrania. Las columnas de humo que salen de las chimeneas se combinan con las nubes para formar un manto gris plomizo de poca altura. Parece que el mundo no ha avanzado desde 1960.

Al salir del hotel por la mañana, un hombre mayor se nos acerca y nos habla en un inglés bastante bueno. Parece tener una gran necesidad de contar su historia. Empieza con el conflicto del Donbass y el papel que juega Rusia en él. No hay duda de que considera al gran vecino como el gran culpable. Continúa hablando de la antigua época soviética y de la contaminación ambiental.

—¡La nieve que caía del cielo entonces era gris, no blanca!

Miro las nubes de humo de las numerosas chimeneas cuyo humo el viento impulsa horizontalmente por el cielo, los esqueletos de acero de las plantas de extracción, la película gris-marrón que cubre las paredes de las casas, las torres eléctricas y los árboles, y no me sorprende lo que aquel señor nos dice. La contaminación sigue siendo un gran problema hoy en día. Le escuchamos con atención, pero al final debemos terminar la conversación de la forma más educada posible, porque todavía hay un problema que resolver antes de poder continuar.

Un mecánico en un lugar sorprendente

El pedalier de mi rueda trasera se ha soltado. Encontramos una tienda de bicicletas que también vende cortacéspedes y juguetes, pero que no tiene mecánico. Y de nuevo recibo una ayuda inesperada. Justo delante de la tienda nos encontramos con una persona que trae una bici defectuosa. Habla un poco de inglés y es muy servicial. Nos recomienda un buen taller de reparación de bicicletas:

—Cruce el río y gire a la izquierda poco después. Entonces... Bueno, mejor le llevo yo mismo.

Pasamos de la calle principal a una calle lateral, de ahí a un callejón lateral,de la calle lateral...

—Vaya... ¿Cómo es posible? Yo juraría... Pero aquí no hay nada —dice el muchacho.

Unos cuantos garajes destartalados es lo que encontramos, ninguna tienda de bicicletas en kilómetros a la redonda. El chaval parecía amable y digno de confianza, pero ahora ya no tanto.

Finalmente, se pone delante de uno de los garajes y golpea la puerta metálica con el puño. Enseguida se abre con un fuerte chirrido. Dentro hay un taller de bicicletas bien equipado y sorprendentemente moderno, con un excelente mecánico que me instala correctamente el rodamiento. Yo mismo traigo la pieza de repuesto, sobre todo teniendo en cuenta la larga distancia que hay a través de Siberia. Puedes encontrar un buen mecánico en cualquier lugar, pero las buenas piezas suelen ser difíciles de conseguir. Eso sí, no habríamos encontrado la tienda aunque hubiéramos sabido exactamente dónde estaba. Y ni incluso

entonces no habríamos creído que existiera realmente.

Tenemos que irnos. El tiempo está empeorando. Conducimos otros ciento treinta kilómetros y por la noche monto mi tienda detrás de un granero.

Markus me deja de nuevo. No solo me hace compañía una y otra vez, sino que también consigue mucho material fotográfico y de vídeo de mi viaje. Ahora es el momento de cambiar de turno: Uwe y Hans, del equipo de rodaje, han llegado en coche y se harán cargo de la grabación durante los próximos tres días, mientras Markus vuela de vuelta a Alemania. Los chicos lo llevan al aeropuerto de Kharkiv por la noche.

Ahora vuelvo a estar solo sobre mi bici, y probablemente siga así hasta Vladivostok. Todavía me queda un día de viaje hasta Kharkiv. Allí tengo que esperar mi pasaporte con el visado, pero, como tengo una invitación, al menos no he de hacer eso en la tienda. Unos ciento veinte kilómetros antes de llegar a la ciudad me encuentro con Jeffrin, el responsable de Audax, el club ciclista local. Ha venido a buscarme en tren especialmente para ir conmigo en bicicleta a Kharkiv.
Por la tarde, de repente, las cosas se vuelven a poner turbulentas. Mi padre me llama desde el consulado ruso en Berna. El asunto no pinta bien en este momento.

Sammy Deichmann en Berna
Tras un primer intento infructuoso, envié uno de los pasaportes de Jonas a Kharkiv y recibí el otro por mensajero un poco más tarde. Sin embargo, pasó una semana y pico.

Próxima visita: Berna. Me encuentro con un funcionario diferente al de la primera vez. Hojea los documentos.

—Sí... Todo bien, todo bien... Ah, hay un problema.

Estaba seguro de que algo ocurriría. Sería divertidísimo si no fuera lo que es.

—Este pasaporte parece un poco deteriorado. No puedo aceptarlo así.—El pasaporte está bien. Obviamente está usado, seguro, pero no hay daño ni está roto. Está lleno de sellos, solo queda una página en la parte de atrás libre.

Me de la impresión de que quiere echarme de nuevo, pero tiene una idea que solo a un funcionario se le podría ocurrir. Jonas tiene que explicar por escrito que es consciente de que su pasaporte está dañado y que, si tiene problemas en un control con esto, él será el único responsable.

Imagínese lo que podría ocurrir si no llevara esa declaración consigo: Jonas es detenido en la nada siberiana y muestra su pasaporte con visado.

—Su pasaporte está dañado. Hay que meterle en la cárcel.

—Pero el funcionario de la embajada en Suiza no puso impedimento alguno. No es culpa mía.

—Ah, entonces debemos meterlo en la cárcel.

Jonas sigue su camino, mientras que el buen oficial es enviado a prisión... No, no, tiene que cubrirse el culo.

Así que necesitamos esa declaración. Un correo electrónico servirá, lo antes posible, porque la embajada cierra dentro de una hora. Me lleva unos cuantos intentos antes de llegar a Jonas. Actualmente está viajando con el equipo de la película por Ucrania y tiene que encontrar un lugar donde tener una red decente. Me escribe un correo desde allí y se lo enseño al funcionario.

—Todo bien, pero lo necesito escrito a mano. Con una firma.

Me planteo en ese instante dejar de ser educado y correcto, pero no serviría de nada.

Estoy dispuesto a darle lo que me pida, sin importarme lo que sea. Pero no tengo ni papel ni bolígrafo encima. Por suerte, el equipo de rodaje está cerca.

—Hans, Uwe, ¿tenéis algo para escribir?

Comienzan a rebuscarse en los bolsillos. Registran el coche y encuentran un boli desnudo y un trozo de papel con el reverso en blanco. Utilizando el techo del coche como superficie de escritura, garabateo la nota de dos líneas solicitada. ¡Con una firma! Esta es sin duda la carta oficial de visado más fea de la historia de Rusia. Lo fotografío y lo envío.

De vuelta a Berna

Finalmente aceptan la carta. El funcionario imprime la foto de la carta y se la lleva a sus archivos.

—Maravilloso... Así que ahora puedo...

—¡Ahhh! La foto del pasaporte. ¿Esta foto tiene entonces más de seis meses?

—Tiene poco menos de un año.

—Lo siento, no debe tener más de seis meses.—Ya tengo canas, las habría tenido de todos modos en esa fecha.

Se lo comunica a Jonas.

—Ahora tienes que hacerte una foto de carnet. Frente a una pared blanca. Y rápido, solo nos quedan quince minutos.

En una carretera rural ucraniana

¿Dónde voy a conseguir una pared blanca aquí? Hay una puerta de garaje gris allí que podría funcionar... Para encuadrarme bien tengo que doblar las rodillas. Me tomo un selfi con mi teléfono y se lo envío a Sammy. Ahora adorna mi visado ruso, que mi padre podrá recoger en la embajada menos de una semana después. Estoy deseando tenerlo entre mis manos.

Hermosos días en Kharkiv

Vuelvo a subirme a la bici y continúo por aquella carretera rural ucraniana. Quiero llegar a Kharkiv esta tarde. Treinta o cuarenta kilómetros antes, otros cuatro ciclistas del club Audax se reúnen conmigo. Entonces comienza a caer una fuerte nevada. Sin duda son las condiciones mejores para ir en bici... Vuelvo a estar incómodo, pero no demasiado molesto. Hoy no tendré que montar la tienda. Se puede oler Kharkiv desde lejos, literalmente, porque hay una gran planta química frente a la ciudad. Cuando llegamos ya se ha hecho de noche.

Pasaré unos días allí, esperando mi pasaporte con el visado. El club ciclista local me ha encontrado alojamiento, me están cuidando bien. Me han organizado un programa para hacer turismo: haremos visitas guiadas a la ciudad, pasearemos en

bicicleta por el norte de Kharkiv y, para rematar, Jeffrin y su hermana Olga me llevarán a montar a caballo a una granja un poco alejada del bosque. No sé cuándo fue la última vez que fui en caballo. El resultado: durante los dos días siguientes me estuvo doliendo el trasero. Es diferente sentarte en un cómodo sillín de bicicleta a hacerlo en un amplio sillín de caballo. Pero bueno, fue muy divertido.

Y esperando de nuevo

Mi equipo de invierno ha llegado y preparo mi bici para Rusia. Cambio a neumáticos más anchos con banda de rodadura y vuelvo a poner en forma toda la mecánica. Mi padre me dice por teléfono que el visado para Rusia ha sido expedido en este tiempo. Espontáneamente, suelto un grito y casi vuelco la bici.

Solo tengo que esperar a que llegue aquí junto con mi pasaporte, que, según el *livetracker*, está en Bélgica ahora mismo.

La espera se alarga. Intento calmarme y escribir postales.

Ley de Murphy

Todos los días reviso el rastreador de correos. La cosa no está nada fácil: mi envío está ahora en Holanda, pero hace días que no se mueve. Ya es jueves, el pasaporte ya debería estar aquí. Llamo al número de atención al cliente: el techo del centro logístico desde el que se iba a enviar se ha derrumbado. No es broma. Mi pasaporte estuvo bajo los escombros durante días. Después, el paquete fue desenterrado y transportado —intacto, dicen— al aeropuerto de Fráncfort. Pero allí el sindicato está en huelga, así que el paquete no va a venir de momento a Kiev... Es todo tan absurdo que no sé si saltar de alegría o llorar. Más bien me decanto por reírme, sé que todo pasará. Al parecer, el cargamento llega ahora a Ucrania por camión y debería estar en Kiev el lunes. ¡Vaya lío para un hombre que lo único que quiere es nadar, montar en bicicleta y correr!

Lo más grave del asunto es que el visado tiene una validez de tres meses, pero ese periodo comenzó cuando la carta de invitación fue emitida por el Comité Olímpico Ruso. De eso hace ya cuatro semanas, lo que significa que solo me quedan 60 días para recorrer los diez mil kilómetros por Rusia, en lugar de los noventa previstos. Me estoy quedando sin tiempo. ¿Pero acaso me esperaba que fuera fácil?

Mi equipo para Siberia

- Bolsas y mochilas Ortlieb Bikepacking
- Tienda Fjällräven Abisko Lite
- Buena esterilla aislante para dormir
- Saco de dormir de plumón para el invierno
- Saco de dormir interior de seda
- Chaqueta de plumón de expedición
- Pantalones forrados
- Ropa interior larga
- *Culotte* largo y *maillot* de ciclismo
- Chubasquero, chaleco cortavientos, calcetines
- Minitoalla
- Gorro de invierno con orejeras
- Gorra de casco
- Guantes de expedición, guantes de invierno
- Gafas de ciclismo, gafas de esquí, casco
- Calzado de bicicleta, calzado de expedición, sobrecalzado
- Piezas de recambio para la bicicleta
- Bomba de aire, herramientas, cerradura, etc.
- Electrónica: *power bank*, GoPro, *live tracker*, luces, etc.
- Pasaporte, dólares, tarjeta de crédito, etc.
- Artículos de aseo
- Bol de cereales plegable y cuchara de titanio

Rusia

9600 km, 385 horas.

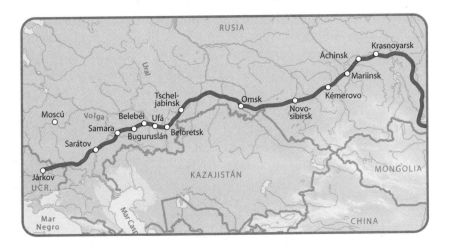

Hielo, nieve, tormenta, barro, barro y barro

El domingo veo en el rastreador de correos que mi pasaporte debe llegar mañana. ¡Por fin! Me voy a hacer una prueba de coronavirus y al rato recibo el resultado que siempre espero: negativo.

El lunes por la tarde el pasaporte ya está conmigo. Ordeno mis cosas y me pongo en marcha. No estoy lejos de la frontera, solo a cuarenta kilómetros. La carretera debería estar normalmente muy transitada, ya que conduce a un cruce principal entre Rusia y Ucrania, pero ahora no pasa prácticamente nadie. Solo los rusos y los ucranianos con familia en el otro lado pueden hacerlo, se supone que también algo de tráfico de mercancías. Hoy no hay nada de eso, la carretera está completamente vacía. A las seis y media de la tarde llego al primer puesto fronterizo, ya está oscuro. Hans y Uwe, del equipo de rodaje, se despiden de mí una vez más.

¡Papeles!

Lo tengo todo preparado: pasaporte, visado —un visado deportivo del Comité Olímpico Ruso, como se indica— y la carta de invitación. Con los ucranianos todo es muy fácil. Revisan por encima mi pasaporte y mi visado, se ríen y me preguntan a dónde voy. Cuando les digo que a Vladivostok, miradas de asombro y risas de nuevo. En el fondo probablemente piensan que estoy loco. Me dan palmaditas en la espalda, se hacen selfis conmigo y ahora me siguen en Instagram. Debe hacer mucho tiempo que un extranjero no pasa por aquí, y además en bicicleta.

Llega la hora de la verdad. En el lado ruso, como era de esperar, la cosa se complica. El paso fronterizo es enorme, al menos un kilómetro de largo, con un total de cuatro puestos rusos. Hacen controles en cada uno de ellos. Mi carta de invitación del Comité Olímpico les impresiona, pero todo tiene que estar en orden, por lo que el complicado procedimiento comienza de nuevo cada vez. Avanzo de puesto en puesto hasta llegar al último. Todos los guardias fronterizos se muestran muy amables, aunque no saben qué hago aquí, les parece un poco extraño.

—Sí, el pasaporte y el visado parecen ser correctos... Por favor espere, tenemos que comprobarlo —dice el funcionario.

Un supervisor se une a nosotros. Hablan por teléfono, aproximadamente durante dos horas, para comprobar si lo que les digo es cierto. Me dejan entrar en la caseta de vigilancia para esperar y me ofrecen un té muy rico. Afuera está nevando, la temperatura llega ya a bajo cero. Estoy a pocos metros de la valla. Detrás de ella comienza la carretera que lleva hacia el Volga, los Urales, Siberia, el Pacífico. «Sí, seguro que me voy ahora mismo. Haré solo algunos kilómetros, los justos para encontrar dónde pasar la noche. Mañana, por fin, podré salir, a toda velocidad, hacia el este», me digo.

Ya parece que los guardias han tomado una decisión. Dos soldados se acercan a mí, uno de ellos habla un inglés fluido. No hay ningún problema con mi visado, pero, como la frontera está cerrada, solo pueden dejar pasar a las personas que están en una determinada lista del Ministerio del Interior, y mi nombre no está en esa lista. Por desgracia no pueden hacer nada. Tengo que volverme.

Estoy demasiado aturdido para decir nada. Me los quedo mirando. Llevo tres meses esperando la entrada, pensaba que había superado todos los obstáculos burocráticos y ahora esto... Por un momento mi cabeza da vueltas. Recibo una carta en mi mano, diciendo que se me permite volver a Ucrania. Tengo que hacer el camino de vuelta.

Los guardias fronterizos ucranianos no me ponen problemas para volver a entrar, parece que saben qué hacer. Estoy más que frustrado, pero me recompongo. Cerca del paso hay un pequeño restaurante en el lado ucraniano. Allí pido algo de comer, con desgana. La comida es picante, especiada y sorprendentemente agradable. Tomo una decisión: retrocedo otros dos kilómetros para salir de la zona fronteriza inmediata, monto mi tienda en un campo y empiezo a hacer llamadas. Hablo con todos los contactos que podrían ayudarme a entrar en aquella dichosa lista.

Segundo intento

Me levanto al dia siguiente y vuelvo directamente a la frontera. Voy a desayunar al mismo restaurante de la noche anterior. Me quedo esperando una respuesta de alguna de las personas con las que hablé ayer.

Todo pasa entonces muy rápido. Me llega un wasap con un archivo que contiene la lista actual del Ministerio del Interior. Mi nombre está en él, al final, en el último lugar. Ahora sí que tiene que ser suficiente y me vengo arriba. Incluso si exigen un mensaje de vídeo personal de Vladimir Putin, lo conseguiría.

Así que de vuelta al interior. Los guardias fronterizos

ucranianos me permiten pasar. Ahora hay otros en el lado ruso, pero estos ya han oído hablar de mí. Les enseño mis documentos y empiezan a comprobar, a llamar por teléfono y a preguntarme de nuevo. Está nevando, hace frío y me dejan pasar dentro para esperar. Renuncio al té, pues todavía tengo que conducir, al menos eso espero. Todo el mundo es educado conmigo, pero sigo estando algo nervioso.

Al cabo de tres horas, un funcionario de la frontera, al que aún no había visto, se acerca. Tiene mi pasaporte en la mano. Lo sella y me lo entrega con estas palabras:

—¡Buena suerte, loco!

Casi se me saltan las lágrimas: por fin tengo vía libre hasta el Pacífico.

Pedaleando

La temperatura es bajo cero y está nevando. Hay aguanieve en las carreteras, exactamente las condiciones que más nos gustan a los ciclistas... Pero es lo que hay, así que lo que hago es poner al mal tiempo buena cara.

Conozco cómo son los conductores por Rusia, he estado otras veces. Los camioneros suelen mostrar actitudes temerarias. Son realmente una amenaza para la vida. Sin duda esta es la parte más peligrosa de todo el viaje. En mi Eurasia Challenge 2017, una vez uno de estos me pasó tan cerca que, si no salto de la bici, me habría matado. Por eso, en la parte europea de Rusia evito las carreteras principales si es posible y tomo las secundarias, aunque eso suponga un desvío de trescientos kilómetros, muchos baches y, en esta época del año, pistas embarradas. Las carreteras secundarias no suelen estar asfaltadas. Solo después del Volga resultará un poco más seguro circular y a partir de los Urales espero que vaya todavía a mejor.

Así que me desvío de la carretera principal muy pronto y pedaleo unas horas más a través del paisaje invernal hasta llegar a un pueblecito. Allí encuentro un hotel, consigo una tarjeta SIM y hago la compra.

El paisaje está compuesto de campos interminables que se alternan con edificios industriales en ruinas. Cada cincuenta kilómetros hay un pueblo, donde me paro. La gente me recibe con

curiosidad, pero la comunicación es difícil. Aquí nadie habla inglés y las pocas palabras de ruso que he aprendido entretanto apenas son suficientes para pedir algo de comer. Por la mañana hay una gruesa capa de nieve en la carretera y al día siguiente hace más calor, lo que no es necesariamente bueno, porque entonces la mezcla de aguanieve y barro en las carreteras sin asfaltar es a veces tan profunda que me quedo atascado. Rara vez consigo hacer más de ciento cincuenta kilómetros al día.

Tengo que darme prisa, porque mi visado expira el 14 de mayo. Es una incógnita qué pueda pasarme si no estoy en Vladivostok para entonces. Tal vez pueda ampliar el plazo. Quizá me encierren primero y al final me deporten.

Es inútil que me preocupe demasiado por esto ahora. La mejor manera de afrontar los grandes retos es dividirlos en partes pequeñas y abordarlas una por una. Y lo primero es estar pronto a orillas del Volga.

El invierno en Rusia

Las condiciones siguen siendo difíciles. Nieva mucho y la temperatura media se mantiene bajo cero. Al sur de Voronezh atravieso la autopista de Moscú a Rostov del Don, la cual recorrí en 2019 en la ruta Cabo a Cabo. Es genial volver a pisar aquella vieja ruta durante unos kilómetros. No me imaginaba entonces que solo dos años más tarde volvería a surcar estas mismas carreteras, pero con un objetivo muy diferente. Permanezco en la autopista durante diez kilómetros, pero me canso de nuevo y elijo el mal menor, el barro. Pero no es problema menor en realidad: el lodo me ralentiza enormemente cuando conduzco y pone a prueba la cadena y los engranajes, por no hablar de la suciedad que llega a mi equipaje.

Por la noche, el mercurio baja a diez grados bajo cero. A pesar de todo, las paso relativamente bien en mi tienda, pues ya contaba con este frío: estoy bien equipado, con mi saco de dormir y varias capas de ropa interior. Las botas gruesas de invierno también forman parte de mi equipo a partir de ahora. Por

primera vez llevo más de un par de zapatos conmigo. Durante el día el hielo se descongela, por lo que tengo que lidiar con el aguanieve o el barro. Ir por carreteras secundarias supone a veces, como dije antes, desviarme mucho de mi ruta. En algún momento no me queda más remedio que volver a la gran E38, la que lleva de Voronezh a Saratov. ¿Por qué? La respuesta es fácil: no hay una ruta alternativa. La red de carreteras en Rusia no es ni de lejos tan densa como en Europa Occidental.

En la carretera

Al principio va bastante bien, hay un arcén suficiente para mantenerme a una distancia razonable del tráfico, pero pronto la carretera se estrecha. El arcén ha dado paso a una pendiente resbaladiza y un camión tras otro se precipitan cerca de mí. Está nevando y el crepúsculo es muy oscuro. Seguro que a los conductores les cuesta verme. Cada camión que me pasa crea una onda de choque que me empuja hacia la derecha y un tirón hacia la izquierda cuando me pasa. Todo ello en una carretera resbaladiza por el aguanieve. Si quiero llegar al final del día con vida tengo que pararme aquí, no importa el tiempo que vaya a perder. En cuanto puedo, giro a la derecha, me detengo y me reoriento.

Al abrigo de una iglesia

La carretera menor en la que estoy me lleva al sur, pero veo que más tarde me dirigiré de nuevo al este, hacia Saratov. La ciudad del Volga es mi destino más cercano. Si voy directo son ochenta kilómetros; por la ruta alternativa, ciento diez. De cualquier manera, mañana llego seguro. La carretera lateral está incluso asfaltada.

Una carretera de cinco estrellas. Todo lo que necesito ahora es algo para comer y un lugar para dormir. Hago algunos kilómetros y por la tarde encuentro una pequeña tienda, donde compro pan seco y queso. Con eso me retiro a la entrada de una vieja iglesia, aparentemente ya en desuso, donde me acomodo para pasar la noche. En comparación, me han gustado más las ruinas de la fábrica y el establo, pero, teniendo en cuenta las circunstancias en las que me encuentro, en esta zona y en marzo, el lugar me resulta hasta acogedor. Pero durante la noche el viento se levanta y silba justo en mi alcoba, así que, al final, tengo que salir del cálido saco de dormir y montar la tienda en la oscuridad.

Un día cruel

Al día siguiente, la carretera asfaltada se acaba. Vienen cincuenta kilómetros de barro. Nieva todo el día y se forman enormes charcos, llenos de una mezcla de nieve, barro y hielo. Ya no es posible pasar por algunos lugares, así que tengo que bajar una y otra vez y empujar la bici durante tramos cada vez más largos. Un traicionero charco me está esperando, con su placa de hielo oculta bajo el agua, invisible para mí. Me resbalo y aterrizo de lleno con el hombro en el agua helada. Me quedo con todo mi lado izquierdo empapado. Y como obviamente no tengo un secador a mano, estoy con la chaqueta y los pantalones mojados. No entro en calor en todo el día.

Además del frío, tengo hambre: ayer solo comí un poco de pan y queso. Ahora ya llevo cinco horas de camino en una ruta para la que había calculado dos como máximo. Entonces, de la nada se desata una tremenda tormenta. En poco tiempo se acumulan diez centímetros de nieve en la carretera y también sobre mí. El viento parece morder. Solo puedo ver a unos quince metros. Quizá sea mejor que levante la tienda y espere a que pase la tormenta dentro. Tengo mucho frío, mi ropa está mojada y no tengo nada que comer. Pero es inútil, tengo que llegar a Saratov, o al menos seguir hasta que pueda entrar en algún sitio y calentarme.

Hago un gran esfuerzo para recorrer treinta kilómetros. Me está pesando la barba por toda la nieve y el hielo que se me va acumulando. ¿Qué habrán pensado los conductores que me vieron en la carretera, que era un fantasma?

Ya está bastante oscuro cuando por fin llego a las afueras de Saratov. ¡Aquí hay un hotel! Cubierto de nieve y con gruesos carámbanos en la barba, subo a duras penas los escalones. El dueño no puede creerse lo que está viendo. ¿Quién se subiría a una bicicleta con este tiempo? Después de una ducha caliente y una buena comida, vuelvo a ser casi persona.

Engels y Marx

A la mañana siguiente conduzco los veinte kilómetros restantes hasta el centro de Saratov. El cielo está gris, todo parece terriblemente lúgubre. La nieve ha dejado de caer, pero todavía hay mucha en las carreteras, la del día anterior. Los coches la han convertido en aguanieve. Hay mucha humedad y hace mucho frío. Es casi imposible transitar con la bici por la carretera.

En la ciudad hago algunos recados. Luego paso por el gran puente del Volga. A pesar de lo sombrío que está el día, es una sensación edificante cruzar el río más largo de Europa, que aquí tiene tres kilómetros de ancho. Eso sí, el agua está completamente congelada, es solo una enorme extensión blanca.

En la orilla oriental se encuentra la ciudad que lleva el nombre del famoso filósofo. En su día fue un lugar donde vivían muchos alemanes. En 1941 fue la capital de la República Socialista Soviética Autónoma de los Alemanes del Volga (cincuenta kilómetros río arriba está Marx, en honor al otro gran filósofo). Todavía se puede percibir algo de historia: hay un monumento en honor a las víctimas ruso-alemanas de la represión en la URSS y, por supuesto, uno de Friedrich Engels (y en Marx, uno de Marx). Prácticamente ya no hay alemanes aquí, desde que Stalin los mandara deportar tras la invasión de la *Wehrmacht* en la Segunda Guerra Mundial.

Hago algunas fotos y continúo hacia Samara. Aquí vuelvo a no tener alternativa a la carretera principal del lado este del Volga, que conduce a través de un árido paisaje industrial y de campos llanos. Intento acelerar, pero un fuerte viento helado en contra me empieza a impactar en la cara. Otro día para olvidar.

Contra el viento

Las condiciones de la carretera mejoran un poco en los días siguientes, pero el viento del norte sigue siendo un enemigo agudo y helado. Si consigo hacer ciento cincuenta kilómetros al día me doy con un canto en los dientes. El retraso que he acumulado ya es brutal, pero sé que en cualquier momento acabará viniendo de atrás y me empujará. Debo seguir adelante y afrontar lo que me venga día a día.

Samara

Llego a Samara el 28 de marzo. Esta ciudad de un millón de habitantes, situada en el recodo del Volga, fue en su día un importante centro de la industria espacial soviética. Hago una breve visita a la lanzadera Soyuz, de setenta metros de altura, que se encuentra frente al Museo del Cosmos. Quiero retomar mi camino enseguida, pero me encuentro con que la caja de cambios se ha soltado y está traqueteando. Hay que repararlo. Se podría pensar que hay buenas tiendas de bicicletas en una ciudad tan grande como Samara, pero la realidad es que tardo horas en encontrar una.

Continúo hacia el este, alejándome del Volga. Vuelvo a evitar la carretera principal M5 como conexión directa con Ufa,

mi próximo destino de etapa, y elijo una ruta secundaria por Buguruslán y Belebéi.

Mientras tanto, el deshielo ha comenzado. Las masas de nieve se derriten y se forman enormes charcos de agua sucia en las carreteras de hasta veinte centímetros de altura. Es increíble. En un punto la carretera está completamente bajo el agua durante trescientos metros. El sol brilla, hace relativamente calor, pero aun así solo avanzo a ritmo de paseo.

Bashkortostán

Pasado Buguruslán mejora un poco, las carreteras están en su mayoría secas ya. El paisaje se vuelve escarpado y mucho más atractivo. La cultura también cambia. Llego a Bashkortostán, una república independiente dentro de la Federación Rusa donde los musulmanes son mayoría. Al anochecer, cuando el viento en contra que me ha soplado en la cara durante todo el día disminuye, decido encender los faros, hacer unos cuantos kilómetros más y continuar pedaleando hasta la noche.

El campo está cubierto de nieve. La luna la tengo ahí, frente a mí, una luna llena redonda y brillante. El aire es frío y claro,

la carretera es solitaria y apenas hay tráfico. Saboreo la magia de esta noche. Pasada la medianoche me detengo en un pueblo, en un pequeño hotel donde encuentro alojamiento. No me queda nada para comer y todos los restaurantes han cerrado hace tiempo. Una vez más, me siento abrumado por la amabilidad que me muestra la gente: el recepcionista me da su propia cena, lo único que me pide es hacerse un selfi conmigo a cambio. Para disipar mi remordimiento de conciencia, me asegura que podrá comer todo lo que quiera después en casa.

Finalmente me meto en la cama, después de darme una ducha caliente. Estoy bastante satisfecho conmigo mismo. Hoy, por una vez, he avanzado mucho.

Los planificadores de rutas no son omniscientes

Pero la alegría dura poco: todo lo que puede salir mal sale mal. A primera hora de la mañana tengo que arreglar un pequeño desperfecto en mi bici y eso hace que salga más tarde de lo previsto. En la pequeña ciudad de Belebéi, el planificador de rutas me envía por una carretera hacia Ufa, pero esta ruta no es buena, está en malas condiciones. El tiempo durante la noche es intenso, pero durante el día se produce el deshielo. Cada vez hay más barro. Avanzo a duras penas, ir rápido es completamente imposible. He recorrido unos treinta kilómetros cuando un coche viene hacia mí y me indica que me detenga. El conductor habla algo de inglés y lo que me dice es inequívoco: la carretera principal está todavía a setenta kilómetros. La situación está empeorando mucho, me estoy hundiendo literalmente en el barro. Sin un tractor no hay manera de pasar.

¿Qué hacer? Decido volver atrás, una vez más. Para darle la vuelta al mundo hay que ir en dirección contraria con sorprendente frecuencia. Cinco horas después de dejar Belebéi, llego allí de nuevo. Terminado el día, busco un lugar para dormir a las afueras del pueblo e intento montar mi tienda. Debido a los constantes cambios de temperatura, la nieve está tan resbaladiza que los clavos no se sostienen. Todo queda grabado: Andrej, camarógrafo ruso y amigo de Markus, sujeta la cámara, que casi se congela, mientras yo maldigo y sigo luchando con los clavos. Vendrá a filmar de nuevo en los próximos días.

Finalmente admito la derrota: vuelvo a empaquetar todas las cosas y busco otra ubicación. Aceptar un día tan frustrante no es fácil. El viaje fue muy agotador y no me hizo avanzar ni un solo kilómetro. Y en lugar de poder descansar después, tuve que volver a levantarme y montar la tienda de nuevo. Pero verlo negro no te seca la ropa, ni te sube la temperatura, ni te llena. He de ser optimista y confiar en que los próximos días serán mejores, esa es la mejor alternativa. Atascarse en la frustración debilita, tener confianza fortalece.

Me gusta hablar conmigo mismo para salir de una mala situación. Porque ¿cuál es la realidad? Estoy sano y en plena posesión de mis facultades, mi bici y el resto de mi equipo están completos y sin daños. Pero, sobre todo, estoy en medio de una gran aventura, que primero he soñado y ahora estoy realizando. Estoy exactamente donde quiero estar. Todo está en la cabeza.

Tailwind

Sin embargo, necesito urgentemente pisar el acelerador, después de que tantas cosas hayan salido mal en Rusia hasta ahora. Tengo que alcanzar una media diaria de ciento noventa kilómetros para llegar a Vladivostok a tiempo, antes de que expire mi visado. He estado muy lejos de eso en los últimos días.

Los días siguientes me confirman que el optimismo mueve montañas: la nueva ruta que he elegido desde Belebéi está asfaltada y el viento ha cambiado, ahora viene por detrás y me empuja.

Paso por Ufa en mi camino hacia el sur. La ciudad la tengo asociada a buenos recuerdos, porque fue aquí donde completé mi primer récord mundial de la travesía más rápida del oeste al este de Europa en 2017. Ahora tengo visita: Anton, un ciclista local, viene a mi encuentro y me acompaña durante un rato. Puedo hablar con él en inglés De buen humor, pedaleo hasta el anochecer y encuentro un lugar para montar mi tienda frente a una gasolinera. Los clavos aguantan porque el suelo ya está congelado de nuevo. Hoy he recorrido doscientos veinte kilómetros, y así debe seguir siendo.

Los Urales

Al día siguiente llego por fin a los Urales. Solo la palabra ya da miedo, pero no es una cordillera especialmente difícil para el ciclismo, sus pequeñas subidas están bien asfaltadas. Me alegro de poder volver a subir. Desde Turquía todo ha sido llano, aquí vuelvo a los ochocientos metros de ascenso. Hay interminables crestas cubiertas de nieve bajo un cielo gris, una imagen impresionante. El equipo de grabación está de nuevo conmigo. Una vez más, me desvío por una carretera secundaria, la que se une a la autopista M5 justo antes de Cheliábinsk. Me siento bien, disfruto de lo variado de la ruta. El tiempo también es bueno y logro completar algo más de doscientos kilómetros también este día.

Tengo previsto pasar la noche en Beloretzk, en los Urales, donde reservo una habitación en el hotel Bankir (banquero, en español) a través de Internet. Pese a su nombre, el edificio no parece ser muy lujoso que digamos... Cuando llego no hay nadie. Intento hacerme entender, lo que me cuesta bastante. Finalmente llega una señora, que se muestra muy servicial, pero que tarda una eternidad en explicarme cómo funciona el *check-in* y dónde están las llaves de la habitación. El restaurante está cerrado. De nuevo otro lío, pero me lo tomo bien. Aquello de hotel Bankir no le queda ahora demasiado bien. Es probable que al dueño no le fuera bien y tuviera que dedicarse a otra cosa.

El pollo debe haber estado caliente un tiempo

En los Urales he cruzado la frontera con Asia. La aventura continúa. Un fuerte viento de cola me empuja e incluso me impulsa a subir las contrapendientes a treinta kilómetros por hora. El paisaje es hermoso, con muchos árboles aquí y allá, muchos pueblos dispersos y soñolientos en los que predomina un ritmo pausado. Casi me da pena llegar a la M5 por la tarde después de doscientos treinta kilómetros, con lo que estoy casi fuera de los Urales de nuevo. Es el momento de despedirse de Andrei. Me reuniré con él más tarde.

Me bajo en un área de servicio para camioneros y ceno allí. El plato de pollo que me tomo me sabe delicioso, pero pronto me doy cuenta de que ha sido un error pedirlo. En Rusia, los restaurantes

cocinan con antelación y calientan lo que piden los cliente en el microondas, con lo cual nunca se sabe cuánto tiempo lleva hecha la comida... Pero es lo que hay, forma parte del juego. Al fin y al cabo tengo que comer lo que me encuentro en el camino, no puedo exigir demasiado. Mi lema es que debo asumir el riesgo de una o dos intoxicaciones al año comiendo de todo. La alternativa sería prescindir de casi todo y comer siempre solo pasta seca, pero eso no lo quiero.

Todavía en la mesa, después de acabarme el pollo, ya me encuentro raro. Sospecho lo que me espera y por desgracia no me equivoco: los calambres de estómago me despiertan por la noche y tengo un dolor de cabeza brutal por la mañana. Cuando bajo a desayunar casi me derrumbo. La comida ya no me entra, mi estómago se revuelve solo de pensarlo. Hoy no puedo subirme a la bici. Me acuesto de nuevo y paso el día en la cama.

Un recauchutado para el hombre y la máquina

Al día siguiente me levanto un poco mejor, pero sigo teniendo calambres en el estómago. Recorro ochenta kilómetros hasta Chelyabinsk, donde ya he buscado una buena tienda de bicicletas a través de Instagram. Son bastante raros en Rusia.

Lo bueno es que tengo una comunidad de fans en Chelyabinsk, donde se ha corrido la voz de que voy a llegar. Gracias a ello, Denis, el propietario de un taller, ya me está esperando para hacerle una puesta a punto a mi bici, pues los paseos por el barro de las últimas semanas le han pasado factura: todos los tornillos y todos los rodamientos están corroídos. Hay que cambiar el eje de pedalier, los rodamientos de la rueda, el juego de dirección e incluso parte de los engranajes. Estoy allí a las tres de la tarde y Denis trabaja en ella hasta las diez de la noche. No quiere cobrarme por su trabajo. Mientras tanto, algunos de mis fans se acercan a la tienda para saludarme. Alexeij, un triatleta del lugar, me invita a su casa, donde vive con su mujer y su hija. Me invita a su sauna. Calor seco a ciento diez grados. Nos ponemos unos gorros muy divertidos. Es una experiencia casi surrealista y superrelajante para mí, especialmente después de los dos últimos días que he pasado.

Siberia comienza en Chelyabinsk. Otro hito superado.

Las penurias de las llanuras

Hay unos mil quinientos kilómetros desde Cheliábinsk, en el extremo oriental de los Urales, hasta Novosibirsk, en el río Ob. La llanura de Siberia Occidental se extiende en medio. El paisaje es absolutamente llano, la pendiente media por cada doscientos kilómetros es de treinta y tres metros. Las distancias se hacen más largas: suelo recorrer ochenta o noventa kilómetros hasta el siguiente pueblo.

Pasé por aquí en mi Desafío de Eurasia en 2017, cuando recorrí los 14 331 kilómetros que hay entre cabo da Roca, en Portugal, y la costa rusa del Pacífico, en un tiempo récord de sesenta y cuatro días, la mayor parte de la distancia por la autopista transiberiana, que lleva a Vladivostok vía Omsk, Novosibirsk, Irkutsk y Khabarovsk. No hay muchas rutas alternativas a esta.

Salgo relativamente tarde por la mañana tras disfrutar del maravilloso desayuno que me ha preparado la mujer de Alexeij. Aunque todavía me siento un poco mareado después de mi intoxicación con el pollo. La carretera al salir de Chelyabinsk vuelve a ser mortal: estrecha, sin arcén y con mucho tráfico de

camiones. Afortunadamente, aquí puedo cambiar a otra que me lleva a Ishim vía Shadrinsk en lugar de Kurgan. A partir de ahí no hay otro camino posible.

Esta primera parte es realmente buena. El tráfico disminuye inmediatamente de forma notable, solo hay bosques, aquí y allá algunos campos y cabañas de madera. La monotonía me anima, no hay nada más que hacer que recorrer la carretera recta muerta hasta el final del horizonte, así que puedo ponerme en modo contrarreloj. El primer día ya recorro ciento ochenta kilómetros y los días siguientes supero los doscientos. Después de un día con otro fuerte chaparrón de nieve, el tiempo mejora y, sobre todo, tengo viento de cola... Durante dos días vuelo por la llanura y alcanzo hasta los cuarenta kilómetros por hora. Mi bicicleta vuelve a ir de maravilla después del recauchutado.

Unos trescientos kilómetros antes de Omsk, la segunda ciudad más grande de Siberia, vuelvo a entrar en la autopista transiberiana. Lo que ayer me gustaba ahora se convierte en un lastre. El paisaje se vuelve más monótono y desolado: es una estepa pantanosa, sustituida por monótonos bosques de abedules, seguida de nuevo de la estepa pantanosa hasta donde alcanza la vista. Siento que pedaleo y pedaleo sin avanzar ni un solo kilómetro. Bueno, después de cada subida hay inevitablemente un bajada, lo sé muy bien. Todo llega, aunque me parezca que esta estepa no se acaba nunca.

Aparecen algunos camiones y eso le da algo de variedad al recorrido. Trato de mantener la mayor distancia posible con estos estruendosos vehículos, yendo por un arcén de unos cincuenta centímetros de ancho. No lo paso tan mal como en la parte occidental de Rusia, pero el poco espacio del que dispongo en la carretera me pone los nervios de punta.

Conduzco una hora y otra, pero no estoy contento. Cada ochenta kilómetros hay una gasolinera y un pequeño restaurante en el que como algo. Este tra-mo de carretera me recuerda a la natación, salvo que aquí es aún más aburrido si cabe, no hay nada interesante que ver. Nada. Cero. Lucho todo el día y no pasa absolutamente nada de nada.

El factor decisivo ahora es el viento: a dos días de llevarlo de cola le siguen tres días en contra, lo que convierte la conducción en un infierno. Consigo tal vez dieciocho o diecinueve kilómetros por hora, y eso haciendo el mayor esfuerzo de que soy capaz. Es agotador.

Estoy cerca de Omsk y tengo que buscar dónde acampar. Me cuesta mucho encontrar un sitio adecuado: los alrededores no son más que un pantano húmedo, tanto en la estepa como en los bosques. Ruedo durante kilómetros hasta que doy con un lugar un poco apartado de la carretera donde asoma un poco de hierba bajo la nieve. Apenas puedo asegurar la tienda en el barro profundo.

Para escapar de la monotonía de la autopista al menos una vez, atravieso Omsk y me hago una bonita foto delante de la catedral. El tráfico es intenso en la ciudad. Al salir, vuelvo a caer en el barro profundo de una carretera sin asfaltar y completamente inundada. Debería haberlo sabido: Rusia sigue sus propias leyes. Una de ellas es: aquí no hay atajos.

Después de Omsk, otro día terrible de lluvia y fuertes vientos cruzados y de frente. Luego el tiempo mejora: sol, hasta diez

grados y viento de cola. Las noches siguen siendo frías, con temperaturas muy bajas. El camino, tremendamente monótono, pero al menos ahora estoy avanzando más. Después de Novosibirsk, cuando haya cruzado el Ob, volverá a haber colinas y bosques. Aún hay mucho tráfico, pero se aliviará pronto, porque algunos se desvían hacia el sur, hacia Kazajistán y Mongolia.

Estuve por esta zona en otra ocasión y me parece que pronto volverán las montañas. La vida es demasiado corta para ir solo por zonas llanas.

Más allá de la Ob

Mi memoria no me falla: después de pasar por las urbanizaciones prefabricadas de Novosibirsk —la mayor ciudad de Siberia con 1,6 millones de habitantes—, el 12 de abril el paisaje se va haciendo poco a poco más montañoso y variado, más interesante. El tráfico disminuye aquí significativamente.

Doscientos cincuenta kilómetros más adelante, llego a la zona de Kemerovo. Aquí todas las nociones románticas que uno podría asociar con Siberia se disuelven en el aire, y en un aire muy sucio: la naturaleza prístina y los interminables bosques de la taiga no se encuentran por ninguna parte. Kemerovo se encuentra en el centro de una región que vive de la minería del carbón y donde, en consecuencia, se ha instalado mucha industria pesada. La contaminación es impresionante. Me hospedo en un pequeño hotel en el centro de la ciudad. Cuando respiro me siento como si estuviera en un aparcamiento subterráneo sin ventilación. Brutal. La nieve de las colinas de los alrededores ya es gris cuando cae del cielo. Me doy prisa por continuar. Después de dejar atrás Kemerovo, la cosa mejora. El paisaje

vuelve a cambiar: en lugar de los ligeros bosques de abedules que me han estado acompañando durante mucho tiempo, ahora vienen bosques de coníferas, más densos y oscuros. Por primera vez tengo la sensación de que estoy en un desierto. El terreno se vuelve más montañoso. Nunca se empina, pero sube y baja constantemente, de modo que al final del alcanzo los mil metros de altitud.

Estoy en contacto constantemente con Markus. Me dice que tiene posibilidades de conseguir un visado. Tiene previsto volver a recorrer conmigo los últimos dos mil kilómetros hasta Vladivostok, y eso me gusta mucho.

Finalmente, la parte en bicicleta está siendo muy divertida, pero también ha vuelto el invierno. Antes de Novosibirsk había hecho mucho calor por momentos, con sol y doce o trece grados, pero desde Kemerovo ha vuelto a caer aguanieve durante el día y las temperaturas son bajo cero por la noche. Condiciones desafiantes, pero no imposibles.

Cumpleaños

Me apresuro a llegar a la pequeña ciudad de Mariinsk por la tarde. He reservado un hotel allí porque he aceptado un pequeño trabajo a tiempo parcial para el día siguiente: el 15 de abril daré una charla a distancia en unas sesiones sobre el futuro de los eventos digitales, y para ello necesito una buena conexión a Internet.

Es un poco extraño bajarse de la bici y encontrarse en otro lugar, un ejemplo de cómo el mundo está creciendo gracias a las conexiones a distancia. Ya sea en Zúrich, Londres o Mariinsk, puedo participar y estar presente para todos.

También es mi cumpleaños, voy a hacer treinta y cuatro. Compro una tarta que me gusta en un supermercado. Pasé la Navidad en una tienda de campaña en Turquía, la Semana Santa luchando contra las secuelas de una intoxicación alimentaria en las tierras bajas detrás de los Urales y estoy celebrando mi cumpleaños en un bonito pueblo del centro de Siberia.

Tailwind

Como regalo de cumpleaños recibo un fuerte viento de cola que me hace volar sobre las colinas. Con una velocidad media de casi cuarenta kilómetros por hora, logro hacer doscientos setenta kilómetros este día.

La siguiente ciudad es Áchinsk. Me detengo brevemente para comer algo y recorrerla un poco. Aquí también se extrae carbón. La Unión Soviética parece seguir vivita y coleando aquí. Hay monumentos a Lenin y fotos de antiguos líderes soviéticos por todas partes. Al parecer, incluso la gente le tiene cariño a Stalin todavía. También hay muchas banderas y carteles que sobraron de las celebraciones del setenta y cinco aniversario de la victoria en la Gran Guerra Patria, como se le llama a la Segunda Guerra

Mundial en Rusia. Esta ciudad me resulta una experiencia opresiva y oscura.

No me quedo a dormir, sino que pedaleo unos setenta kilómetros más. Por la noche llego a un restaurante. Enfrente, un pequeño sendero se adentra en el bosque y allí me dirijo para intentar acampar.

¡Bingo! Después de apenas cien metros, veo un pequeño claro con un prado con casi apenas nieve. Hermoso, un lugar ideal. No levanto la tienda enseguida porque quiero comer primero en el restaurante. Pero cuando vuelvo a salir después está nevando copiosamente, así que la monto en la nieve.

Me despierto por la mañana y lo que veo me parece maravilloso: los árboles de alrededor, la tienda, la bicicleta, todo está cubierto de blanco. Me doy prisas para recoger. Quiero subirme a la bici de inmediato, pero no es tan fácil. Puedo quitarle fácilmente de encima la nieve, pero las capas de hielo que se han formado en el engranaje..., eso ya es más complicado. No consigo meter las zapatillas en los pedales automáticos y, cuando intento ponerme en marcha de cualquier manera, las marchas empiezan a saltar. Ahora una cocina de

gas vendría muy muy bien. O un lanzallamas. O simplemente un cubo de agua caliente.

Por suerte, recuerdo un truco que me dijo una vez un amigo de Finlandia: orinar encima. La orina está lo suficientemente caliente como para descongelar las piezas. Una vez que esté en movimiento de nuevo, el resto se irá cayendo. Es un poco desagradable tener que hacerle esto a Esposa, pero no hay otra solución. En cuanto pueda la limpiaré con agua a presión, no es la primera vez que lo hago: en mis «paseos» por el barro en el oeste de Rusia no habría progresado nada sin visitar regularmente los lavaderos de coches.

El resto del día pedaleo rodeado por un paisaje invernal de libro. Es como unas vacaciones, pero con el inconveniente de que el arcén se queda intransitable cuando nieva. Afortunadamente hay poco tráfico, no quiero más camiones que me saquen de la carretera.

Una reunión

Krasnoyarsk es la última ciudad realmente grande de mi ruta hasta Vladivostok. Unos cincuenta kilómetros antes experimento un bonito *déjà vu*: en 2017 recorrí la misma ruta durante mi récord mundial de Eurasia. El tiempo era entonces frío y lluvioso. Poco antes de Krasnoyarsk llegué, completamente empapado y congelado, a un pequeño restaurante. El propietario me invitó a pasar la noche en su cobertizo, donde había una cama y una estufa de leña. Poder calentarme y descansar allí me sentó de maravilla. La gente se mostró muy amable conmigo, como siempre.

No recuerdo exactamente dónde estaba ese restaurante, por eso mantengo toda mi atención. Cuando paso por allí, lo reconozco inmediatamente. Por aquel entonces era principios de agosto, había bajado la temperatura y me estaba congelando en mi traje corto de ciclista; ahora hay nieve y, aunque esta vez estoy mejor equipado, la casita con el tejado combado me parece aún más atractiva que hace cuatro años.

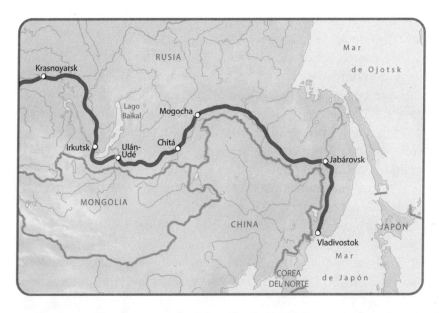

Entro y, efectivamente, ahí está el simpático propietario, sigue de pie detrás de su mostrador. Al principio no me reconoce —han pasado cuatro años—, pero cuando le enseño la foto que nos hicimos entonces, que aún está guardada en Instagram, asiente enérgicamente. Estalla en una risa alegre y me invita directamente a cenar. Siento que vuelvo a casa.

Taiga

Esta vez puedo prescindir del horno y de la cama, y volver a salir directamente después de la cena. Me ahorro el paso por Krasnoyarsk, prefiero ir por la carretera de circunvalación. Tras cruzar el Yenisei, vuelvo a entrar en terreno montañoso. Todo se vuelve más salvaje. El bosque es más denso y el tráfico disminuye aún más. Hay señales que me anuncian que aquí también viven osos y lobos. Al borde de la carretera veo a algunos comerciantes que están vendiendo pieles de zorro, lobo y oso. Esto me deja con sentimientos encontrados: por un lado, me parece triste que se mate a los animales para despellejarlos; por otro lado, es una práctica común aquí, lo que viene a decir que estos animales viven en estado salvaje en estos bosques.

Los osos ya deben estar saliendo de la hibernación, espero ver alguno. Seguro que están muy hambrientos después del largo tiempo sin comida.

El tiempo sigue sin ser demasiado agradable: alrededor de cero grados durante el día, diez bajo cero por la noche. Un día nieva muchísimo durante medio día, luego la nieve se convierte en aguanieve. Por la noche estoy empapado y enseguida empiezo a congelarme, en cuanto mis músculos dejan de funcionar. Ningún hotel queda a mi alcance, así que por necesidad monto mi tienda en el bosque. Incluso en mi saco de dormir no me caliento mucho. Me quedo dormido a ratos, pero me despierto por la noche por el frío. Eso es una mala señal y a la vez es buena: una persona sana se despierta antes de morir congelada mientras duerme; si estás enfermo o borracho, este sistema de alarma ya no funciona como debería, lo que vuelve la situación peligrosa. Sea como sea, congelarse no es nada agradable...

Por la mañana, el termómetro marca trece grados bajo cero. Ahora, salir del saco de dormir y ponerme la ropa mojada —por supuesto no pudo secarse— requiere de un esfuerzo considerable por mi parte. Es desagradable meter los pies en unos zapatos rígidos y congelados. Se me quedan helados durante horas.

El día me recompensa con mucho sol, viento de cola y un hermoso paisaje. Los márgenes de los ríos muestran un paisaje abierto. El hielo se está rompiendo y hay enormes témpanos flotando en el agua. ¡Un espectáculo impresionante!

Estoy atravesando un país solitario y salvaje, con muchos bosques. Los pocos pueblos que me encuentro son muy pequeños. Hay comerciantes a lo largo de la carretera que venden setas y pieles de animales. También pescado, que se ahuma justo al lado de la carretera. Suele haber una gran tetera al lado. Me detengo un poco allí y disfruto de la comida. Por lo demás, sigo avanzando sin contratiempos, disfrutando del viaje.

Al llegar a la zona de la gran Irkutsk parece volver un poco la civilización. El tráfico también aumenta. Conducir por la ciudad no me atrae, prefiero llegar al lago Baikal lo antes posible.

Me surge otro problema que resolver: tengo que cambiar un neumático, se me ha desgastado; pero la válvula está tan corroída que no puedo sacarla de la llanta. En las condiciones de la carretera de las últimas semanas, se ha agarrotado por completo y es imposible hacer esto con los medios de que dispongo. Durante la prueba en la cámara climática de Deutsche Bahn conseguí sacar el neumático de la llanta, pero entonces solo tuve que lidiar con el hielo. No pensé en la corrosión...

Afortunadamente, hay un pequeño garaje detrás del restaurante, donde paro. El mecánico le echa un vistazo a Esposa y consigue una amoladora angular con la que aborda la válvula. Hago una mueca y casi me arrepiento de haberle pedido ayuda. Si se resbala con la máquina, arruinará mis muy caras ruedas de carbono. Cuando empieza, me calmo, porque lo hace con destreza. Sale la válvula, monto mi nuevo abrigo y meto un tubo. Hasta aquí había montado *tubeless* en la rueda trasera, ahora no.

En el lago Baikal

Después de Irkutsk, disfruto de nuevo de la compañía de Andrej. En realidad, vive en Dresde, pero como ciudadano ruso puede entrar y salir del país cuando quiera. Cuenta con el apoyo de Alexander, que también es presentador de la televisión rusa en Irkutsk. Está preparando algo sobre mí. Me siguen durante unos días y graban imágenes para el documental sobre mi viaje.

No muy lejos de Irkutsk comienza un terreno duro, cuando me dirijo hacia las montañas, con varias subidas largas de hasta mil metros. ¡Maravilloso! La carretera atraviesa densos bosques nevados. El punto culminante es un espectacular descenso hasta el lago Baikal, ese lugar que he estado esperando durante tanto tiempo.

Tomo una curva y, de repente, el panorama del gigantesco lago, helado, se extiende ante mí. Abajo, en el extremo sur, se encuentra una pequeña ciudad, atravesada por las vías del Transiberiano. Todo enmarcado por altas montañas cubiertas de nieve. Me detengo y me empapo de lo que veo y de la impresión

que causa en mí. El paisaje me emociona, me conmueve, me alegra. Cuando sales de la estrechez de los bosques y se te presenta de repente un espectáculo así es como si algo se abriera en tu interior. Cuando estuve aquí hace cuatro años, en agosto, el sol brillaba. Así, cubierto de nieve y hielo, el lago parece aún más impresionante.

En la orilla me encuentro con una señal de tráfico: Moscú queda a 5383 kilómetros en una dirección; Vladivostok, a 3762 kilómetros en la otra... La primera señal que apunta a Vladivostok. ¡Faltan menos de cuatro mil kilómetros! ¡Eso no es nada!

La carretera recorre la orilla sur, a veces directamente en el lago, a veces un poco hacia el interior, a través de bosques donde hay mucha nieve. Utilizo la primera mañana en la playa de piedras como día de lavado, que una vez más es muy necesario. El rastro de olor que arrastro detrás de mí no debe ser nada agradable... El hielo del lago sigue siendo muy grueso, pero en este punto desemboca un pequeño río, por lo que hay huecos cuya fina capa de hielo puede romperse fácilmente con una piedra.

Alexander me ayuda a despejar una pequeña piscina y nos damos un refrescante baño de hielo, con la cabeza bajo el agua durante unos segundos. Puede que sea un poco pronto esta temporada —la temperatura exterior está justo por debajo de cero—, pero ¿cuándo podré volver a tener la oportunidad de nadar en el Baikal? Después, todo mi cuerpo hormiguea. Me siento de maravilla durante el resto del día. Siempre he querido probar la sensación de bañarme en hielo.

Pasar la noche en el hielo

Este día recorro otros ochenta kilómetros, pero termino antes de lo habitual porque tengo muchas ganas de acampar en el lago. No es fácil, las vías del tren corren paralelas al lago y solo hay unos pocos lugares donde se puede llegar directamente a la orilla. Pero aún me acuerdo de un hermoso lugar donde me alojé hace cuatro años. Poco después del asentamiento de Tanchoi, un río desemboca en el lago, que el ferrocarril cruza por un puente. Se puede llegar fácilmente a la orilla por debajo de este puente, sin correr peligro, pues se está algo protegido de los trenes de mercancías que circulan constantemente.

En el lago hay cuatro personas pescando en el hielo. Me acerco a ellos para charlar, también por curiosidad. Andrei me hace

de intérprete. Los hombres hacen agujeros en el hielo con un taladro especial y luego se sientan ahí todo el día esperando que algún pez pique. Puedo ver por los agujeros que el hielo tiene un metro y medio de espesor. Uno de los hombres me muestra con orgullo el magnífico pez que ha capturado.

De vuelta a la playa de piedrecitas, enciendo una hoguera con la madera que encuentro, delante de un viejo tronco que me sirve de banco. Lentamente, el atardecer desciende sobre el paisaje, gris y nublado. La niebla se extiende sobre el lago y envuelve la otra orilla. Justo delante de mí, el hielo se ha amontonado en extrañas formaciones: parece que las altas olas están chocando con la playa, solo que estas olas son rígidas e inmóviles. El fuego me calienta la cara. Estoy aquí y me encuentro bien.

Monté mi tienda en el hielo, a unos veinte metros de la orilla. Cuando oscurece por completo, me acurruco en mi saco de dormir y duermo profundamente, a pesar del frío.

Despertar en el frío

A la mañana siguiente todo está blanco. Ha nevado mucho durante la noche. Recojo rápidamente, porque siento bastante frío y la nieve se está convirtiendo poco a poco en lluvia. Salgo sin desayunar y cincuenta kilómetros más adelante llego a un restaurante, donde me paro a comer algo.

El día está metido en agua. Me abro paso cincuenta kilómetros más a través del aguanieve hasta la siguiente área de descanso, pero cuando llego está cerrada. Mis zapatos están mojados y las plantas de mis pies están entumecidas. Me vuelvo a cambiar, pero ni siquiera eso sirve de mucho con tanta humedad. Solo por la tarde, cuando la carretera se desvía del lago hacia Ulán-Udé, deja por fin de llover. Por la noche, encuentro un hotel, donde puedo calentarme, comer, dormir y, sobre todo, secar la ropa mojada. Meterme en la tienda habría sido un poco incómodo esta noche.

Buriatia y las buenas noticias

Ahora estoy en Buriatia, una república autónoma dentro de la Federación Rusa. Por fin he llegado al Extremo Oriente ruso. La gente ahora sí parece más asiática que rusa; la comida es también más propia de ese continente. Me recuerda mucho a Mongolia, con la que Buriatia también limita al sur. En los restaurantes hay fotos de guerreros a caballo. La mayor parte de la gente es budista. Incluso por la arquitectura da la sensación de que no estemos ya en Rusia. La carretera sigue ahora el curso del río Selenga, por Ulán-Udé, la capital de Buriatia. El tiempo ha mejorado considerablemente y el paisaje es encantador: son pequeños pueblos enmarcados por montañas nevadas. ¡Siberia en su mejor momento!

El punto en el que la carretera se desvía del río y vuelve a subir a las montañas es algo que recuerdo de mi Desafío de Eurasia como especialmente bello. Subo los quinientos metros de una montaña y disfruto de una fantástica vista sobre el valle. Es como contemplar épocas pasadas: un río sinuoso con pequeños asentamientos enclavados aquí y allá. Si existiera un paisaje ferroviario en miniatura de Siberia, este sería su aspecto.

Sigo estando bien de ánimos. Una buenísima noticia ayuda a que sea aún más optimista: por decreto presidencial, todos los visados para extranjeros en Rusia se han prorrogado automáticamente hasta el 15 de junio. ¡De repente tengo un mes entero más a mi disposición! Por supuesto, eso no significa que vaya a bajar el ritmo, pero sí que dispondré de más tiempo en Vladivostok para organizar mi viaje de vuelta. El horizonte es muy tranquilizador.

Transbaikalia

Desde que dejé atrás el lago Baikal, en términos administrativos he abandonado Siberia (al menos el distrito federal ruso de Siberia) y he llegado al distrito federal del Lejano Oriente. Hasta Vladivostok me quedan por delante la región de Transbaikalia, la de Amur, la autónoma judía, la de Jabárovsk y la de Primorie.

Hasta mi próximo destino, Chita, la capital de Transbaikalia, la carretera atraviesa durante unos días un paisaje de colinas donde los bosques son cada vez menos numerosos y más finos, y que adquiere cada vez más el carácter de la estepa. Aquí apenas hay nieve.

Cuanto más abierto se vuelve el país, más fuerte vuelve a ser el viento: si viene por detrás, me empuja en las subidas; si viene por delante, se transforma en un amargo enemigo. Sigue haciendo un frío invernal, con temperaturas nocturnas que rondan los quince grados bajo cero, pero al menos no hay precipitaciones.

Mi equipo me protege bien contra esas condiciones. El único problema era y sigue siendo la humedad ambiental. Cuando estás seco, puedes sentirte cómodo con temperaturas de dos dígitos bajo cero, pero la ropa empapada a cero grados te quita rápidamente toda la energía y el calor. ¿Cómo se mantiene la cabeza despierta en esos momentos? Para mí, la actitud siempre es lo más importante: soy consciente en todo momento de que estoy cumpliendo un sueño, de que estoy exactamente donde quiero estar. A veces es desagradable, a veces es hasta horrible, pero eso es parte de la aventura, y es exactamente lo que quiero.

Chita

El plan era pasar directamente por Chita. Los miembros del club de ciclismo del lugar, unos quince o veinte, contactaron conmigo por Instagram y me convencieron de que me pasara a verlos, porque tenían preparada una recepción «digna de un rey», me decían. No podía decirles que no. Algunos de ellos ya me esperan en sus motos a unos cuarenta kilómetros antes de la ciudad y juntos llegamos al centro. Chita es otra ciudad en la que la época soviética parece estar aún viva. Una estatua de Lenin de tamaño descomunal preside la plaza principal. Ya están en marcha los ensayos para el gran desfile militar que tendrá lugar el 9 de mayo, el aniversario de la victoria en la Gran Guerra Patria. Tristeza soviética con rugidos de marcha y tanques.

La recepción es, verdaderamente, digna de reyes. Vamos a un buen hotel en el centro de la ciudad, donde me sirven una deliciosa cena: carne picante y pescado fresco. Después, lo mejor que se puede hacer en Rusia en invierno: una visita a la sauna. Y el vodka. Para ser precisos, vodka en la sauna.

Al principio intento no negarme, no solo porque sería descortés o porque no quiero parecer tímido, no, me siento más relajado que en mucho tiempo después de la gran recepción y la buena comida. Tengo ganas de soltarme, de reírme de todos los brindis, de brindar, de disfrutar de la celebración juntos. Si no pones la mano en el vaso, te siguen echando. El buen vodka no

arde cuando lo bebes. Te lo tragas así y es divertido. Toda la velada resulta divertida. ¿Cuándo fue la última vez que me reí tanto?

Salgo un poco más tarde

A la mañana siguiente me despierto con un zumbido en la cabeza, un verdadero dolor de cabeza. La cama es tan suave que me quedo durmiendo un poco más.

A las diez vuelvo a montarme en mi bici. No me siento muy bien, pero, si pude pedalear intoxicado por aquel pollo, una resaca tampoco puede detenerme. Dos del club me acompañan durante los siguientes treinta kilómetros. Parecen sorprendentemente descansados, aunque han bebido al menos tanto como yo.

Para mí, ahora comienza el tramo más solitario de la ruta. La siguiente ciudad real, Khabarovsk, está a dos mil cien kilómetros. En medio, solo unos pocos pueblos, que pueden estar a cien kilómetros de distancia entre sí.

Una vez que se me ha pasado el dolor de cabeza, encuentro que pedalear por estos parajes es divertido. El paisaje es variado y bastante montañoso, lo que siempre me viene bien. Al día siguiente de Chita, llevo dos mil quinientos metros de altitud en el contador, y así sucesivamente. Las subidas nunca son realmente empinadas, tal vez un cinco o seis por ciento. Durante dos días, el tiempo es agradable, casi primaveral. Confío en encontrar un restaurante, un pueblo o una gasolinera cada sesenta o cien kilómetros. También suele ser fácil encontrar buenos sitios para acampar.

Hambre y agua caliente

Por la noche como en una ciudad algo más grande y a la mañana siguiente confío en encontrar otro lugar para abastecerme. Así que salgo por la mañana con la esperanza de desayunar tarde. El viento, de cola, me empuja. Eso me alegra.

Pero el tiempo cambia al poco: el viento comienza a soplar en mi cara y empieza a llover. Las montañas se vuelven más empinadas y el rugido de mi estómago es fácilmente audible. No se ve ningún lugar, ningún sitio para parar a descansar, ni una sola casa. Llevo encima un Snickers y un Mars, pero no duran mucho. Me pesan las piernas, me siento muy mal otra vez. Después de otras seis horas y ciento veinte kilómetros llego a una gasolinera, completamente famélico. Hay sándwiches, café, sopa de remolacha e incluso vodka (que rechazo con gratitud). Ahora puedo entrar en calor.

Después de recuperarme un poco, conduzco otros sesenta kilómetros y encuentro un pequeño hotel con un restaurante en la carretera. Decido parar y alojarme. Lo más destacado es que hay una banya al lado, una casa de baños rusa. Es un paraíso. Hay dos habitaciones: una con agua fría y otra con agua caliente calentada en una estufa de leña. Llevo un cubo de agua fría a la otra habitación, mezclo agua caliente y fría, y me la echo por la cabeza y el cuerpo. La piel se me pone roja, el corazón me bombea con fuerza, todo el cuerpo siente un cosquilleo. Si existe el cielo ruso estoy en él.

Mogocha

Los próximos días me traen de nuevo el infierno siberiano. En esta zona el invierno es húmedo y frío, y la primavera apenas es diferente. Ya estamos a principios de mayo y las temperaturas fluctúan entre los tres y los cuatro grados bajo cero. La lluvia continua en las zonas bajas se alterna con el aguanieve en las zonas altas. Hay que apretar los dientes y salir adelante. Las distancias entre pueblos siguen siendo de hasta cien kilómetros, sin una gasolinera en medio, ni un restaurante, ni siquiera una sola casa. El frío me está afectando, sobre todo en las manos y los pies, que se me están entumeciendo y agarrotando. Apenas hay momentos en los que pueda entrar en calor.

Me encuentro en la zona en la que China sobresale más al norte. En una bifurcación, me desvío un poco hacia el pueblo de Mogocha. Necesito desesperadamente que mis pies y mis dedos revivan. Encuentro una taberna, en la que entro tambaleándome. La anciana que está detrás del mostrador se acerca para atenderme. Me trae sopa de remolacha caliente y cuelga mi ropa para que se seque. Ahora ya no tengo la piel de gallina por el frío, sino por gratitud. Incluso me deja que pase la noche en una pequeña habitación que hay detrás de la tienda.

Mientras me envuelvo en una mullida manta y miro de cerca a la señora y el restaurante, me doy cuenta: ya he estado aquí antes. Justo aquí, en este mismo escenario había pasado mi peor crisis hace cuatro años durante mi reto por Eurasia. Era agosto y llevaba mis pantalones cortos de ciclista. Entonces empezó a nevar. Llegué a este mismo restaurante completamente congelado. La misma señora que me atiende ahora quiso llamar a una ambulancia para que se ocupara de mí, tan mal me vio. Ni siquiera pude pagar, tenía el dedo demasiado húmedo para contar el dinero. Esta vez no es tan grave porque estoy mejor equipado, pero igualmente le agradezco todo lo que hace por mí. Empiezo a contarle todo esto a mi anfitriona, pero se limita a mirarme con una sonrisa de lástima. Creo que no está entendiendo nada. Probablemente piense que mi mente está confusa, que tengo fiebre, que necesito urgentemente meterme en una cama. Y probablemente esté en lo cierto. Me retiro a la habitación, extiendo mis ropas e inmediatamente caigo en un sueño profundo.

La región que rodea a Mogocha es conocida por su desagradable clima. También hace frío en otras partes de Siberia, pero suele ser seco y soportable. Mogocha, en cambio, es fría y húmeda. En la época soviética, me dijeron, había una base del Ejército. Cualquiera que fuera trasladado aquí sabía que iba derecho al infierno. De ahí viene el dicho:«Dios creó Sochi y el diablo creó Mogocha». Después de haber estado aquí dos veces, una en mayo y otra en agosto, ambas con aguanieve, puedo confirmar al menos la segunda parte de este dicho.

Me quedo casi una semana en Mogocha. Llego después al óblast de Amur, donde sigue el mal tiempo. Aquello es un desierto interminable, con solo unos pequeños pueblos mineros y muy poco tráfico. Nada más. Aquí es muy complicado realizar etapas de muchos kilómetros. Tengo que utilizar los pocos refugios que hay en el camino para calentarme, y conseguir que mi ropa se seque. Acampar aquí sería una irresponsabilidad, pues correría el peligro de caer enfermo.

Sé que vendrán días mejores. Una vez que haya dejado atrás las montañas, la influencia del Pacífico debería imponerse cada vez más. Hasta entonces, mantengo mis etapas cortas, de unos cien kilómetros. En cualquier caso, sigo avanzando hasta mi objetivo.

Un heraldo de la primavera

El panorama ha cambiado de la noche a la mañana: ¡la primavera está aquí! Flores y capullos por todas partes, los pájaros cantan, todo se vuelve verde de golpe. La naturaleza está a punto de estallar. Me resulta difícil imaginar que he pasado las últimas semanas empapado y medio congelado. Es como si me hubiera despertado de un mal sueño. Todo parece agradable, prometedor. Inmediatamente vuelvo a sentir energía y la certeza de que estoy haciendo exactamente lo correcto.

En su mayor parte, he circunnavegado el gran arco que describe el Amur a lo largo de dos mil kilómetros, como río fronterizo entre Rusia y China, y me he acercado a mi destino, Vladivostok, dos mil quinientos kilómetros. Cuando el sol comienza a brillar, llega Markus Weinberg.

—Típico: te saltas elegantemente el invierno ruso y llegas en primavera, ¿eh? —murmuro y muerdo el sándwich que acabo de comprar.

—Sí, claro, y tú ya estás parando en el primer sitio que puedes para comer, aunque no hayamos recorrido ni quince kilómetros. Los dos estamos muy contentos de reencontrarnos. Cada vez que veo de nuevo a Markus he superado un hito. Como ahora Rusia vuelve a conceder visados de negocios a los alemanes, voló a Khabarovsk con el apoyo de uno de mis patrocinadores y se

reunió conmigo en el Transiberiano hasta el pueblo de Archara. Así también resulta interesante moverse, pero probablemente no tan incómodo como mi forma de desplazarme. Juntos queremos recorrer la última parte de mi viaje por Rusia, hasta Vladivostok.

Pies en la cara

El buen tiempo dura un día, luego vuelve a llover. Esperaba encontrar más negocios en esta zona, un alojamiento todas las noches, y por ello le había aconsejado a Markus que no trajera su propia tienda de campaña. Un error que me recordará en repetidas ocasiones. Tengo que aguantar sus recriminaciones. Es culpa mía que durante dos noches tengamos que compartir mi diminuta tienda de campaña porque fuera llueve a cántaros, como si se acabara el mundo. Estamos mojados, nuestras ropas están mojadas, nuestro calzado está mojado.

Nos metemos en nuestros sacos de dormir de pies a cabeza en la tienda y nos levantamos un poco antes por la mañana.

Mientras tanto, hemos llegado a la Región Autónoma Judía. Este distrito administrativo especial se remonta a Stalin, que en los años treinta había planificado aquí una zona de asentamiento para los judíos de la Unión Soviética. Hoy apenas viven judíos aquí, el noventa por ciento de los habitantes son rusos.

Khabarovsk

Al cabo de dos días, llegamos a Khabarovsk, la primera gran ciudad desde que salí de Chita. Pasamos por el puente Amur

hacia el centro y vamos directamente a una tienda de bicicletas, porque hay que hacer reparaciones urgentes. En este viaje me di cuenta de que las tiendas de bicicletas son uno de los inventos más importantes de la humanidad. Es casi un milagro que Esposa haya durado tanto sin quejarse. Desde hace mil quinientos kilómetros estoy yendo con un rodamiento defectuoso en la rueda trasera. La cadena está desgastada, el piñón se ha aflojado y las pastillas de freno hay que cambiarlas sí o sí. El vendedor de motos con el que me encuentro me ha venido siguiendo en Instagram y está contento de que hayamos encontrado el camino hacia él. La comunidad ciclista de Khabarovsk también ha oído hablar de mí. Tres de sus miembros se acercan al taller de bicicletas para saludarnos y luego nos acompañan hasta la salida de la ciudad.

Ahora también estamos en la esquina noreste de China. Desde aquí la carretera se dirige hacia el sur. Setecientos kilómetros quedan hasta Vladivostok.

Último esfuerzo

Es la estación cálida, el paisaje brilla por fin en todo su esplendor.
Las flores se dejan ver por todas partes y las mariposas revolotean frente a nuestro manillar. De repente, el tiempo cambia, la
temperatura sube a veinte o veinticinco grados, parece verano.
Empiezo a sudar con la ropa larga, porque no llevo pantalones
cortos. La vegetación y el clima se vuelven más marítimos cuanto más nos acercamos a Vladivostok, la influencia del Pacífico
es inconfundible. La ruta discurre por un mar de verde rocoso,
salpicado de innumerables colores, y es suavemente montañosa,
sin subidas difíciles. Aquello se ha convertido en un viaje de lujo,
como predijo Markus. Podría llevarme todo el rato sonriendo. Es
un placer pedalear aquí.

Eso no significa que no haya todavía algunas situaciones desagradables que superar. Hasta unos setenta kilómetros antes de
Vladivostok, la carretera es relativamente estrecha. Hay mucho
tráfico y parte del arcén, si es que lo hay, solo es gravilla. Esto

puede resultar peligroso. Luego la carretera se amplía a cuatro carriles y rodamos por la autopista durante los últimos kilómetros.

Hace calor y tenemos que desviarnos uno poco porque nos hemos quedado sin agua; algo extraño, pues el problema de tantos días atrás era al revés, el exceso de agua. Repostamos en un pequeño pueblo y nos damos un respiro para comer justo después. El hecho de que ahora prefiramos sentarnos a la sombra en lugar de al sol también resulta un poco extraño. No siento frío, sino todo lo contrario... Es extraño, he perdido la costumbre.

Entonces llega el momento en que vemos el mar, que se extiende con su azul acero bajo el sol hasta el horizonte. Suelto un grito de alegría. Markus sonríe de oreja a oreja. Andrej y Alexander, que se unieron de nuevo a nosotros el día anterior, consiguen unas tomas muy bonitas para la película.

Entramos en el puente de siete kilómetros que cruza un brazo de la bahía del Amur, al oeste de la península de Muravyov-Amursky. Vladivostok se encuentra en su extremo. Ya casi hemos llegado. El sol brilla.

Finalmente, la ciudad aparece en las colinas frente a nosotros, directamente sobre el mar. Desde el punto de vista arquitectónico no es ninguna joya, con edificios prefabricados por todas partes, pero el lugar tiene un encanto muy especial. En las afueras, dos ciclistas de la comunidad local nos esperan y nos acompañan los últimos quince kilómetros hasta el centro. En medio de un intenso tráfico, pasamos por un espectacular puente Solotoi, que atraviesa el Cuerno de Oro de Vladivostok, la larga bahía marítima que se adentra en la ciudad. El gran puerto militar e industrial se extiende bajo nosotros.

La sensación es indescriptible. Markus y yo nos abrazamos y no queremos soltarnos. ¡He llegado al Pacífico y he completado la segunda gran etapa de mi triatlón alrededor del mundo! En total han sido diecisiete mil kilómetros sobre el sillín. El viaje a través de Rusia a finales de invierno (con solo algunos momentos de clima primaveral) ha sido una gran aventura que me ha exigido mucho. Ahora me doy cuenta de que todo ha merecido la pena, que todo tenía que suceder así para que yo pudiera estar aquí y ahora, con la cálida brisa salada del verano, mirando al mar.

Nos quedamos allí durante mucho tiempo, no podemos apartarnos. Pero aún no he llegado a mi destino. Aparte, tengo que ver el modo de atravesar el Pacífico, de momento no he pensado nada al respecto. Aprovecharé también los próximos días para descansar. Mi permiso de residencia está vigente hasta el 15 de junio, así que tengo hasta cuatro semanas.

Vladivostok

En el mismo lugar, frente al teatro donde llegué hace cuatro años, me están esperando unas diez personas de la comunidad ciclista de Vladivostok. Conozco a la mayoría de ellos de antes. Me aplauden y me gritan, me dan la mano. Parece como llegar a casa. Vladivostok es mi ciudad favorita de Rusia, sin duda alguna. Maga, del club de ciclismo, quien me acogió la última vez, me invita de nuevo a su casa. Esa noche celebramos una pequeña fiesta. Todos los bares están abiertos aquí, como en toda Rusia.

Me lo tomo con calma durante los próximos días. Markus y Andrej estarán aquí dos jornadas más. Aprovechamos el tiempo juntos, hacemos turismo en la ciudad durante el día y vamos a una banya por la noche. La sauna rusa es un poco más caliente que en Alemania. El tiempo de sentarte es aquí más corto. Después un encargado del baño nos golpea el cuerpo con unas ramitas de abedul, hasta que nuestra piel se pone roja y arde como el fuego. Por último, nos metemos en el mar para refrescarnos. El agua está ahora a 9,4 grados, más caliente que el lago Baikal. Quería nadar de todos modos, lo hago en cada reto que me propongo. Cuando llego al mar, tengo que meterme en el agua.

En busca de algo que flote

Pero antes de eso debo resolver algunos problemas. Lo primero y más importante, por supuesto, es la búsqueda de un velero que me lleve a cruzar el Pacífico. Todos los intentos de encontrar un

viaje en los sitios web de navegación y en varios foros de patrones han sido infructuosos. Tengo que hallar una solución. Me ayuda que Juri, el presidente del club de ciclismo, esté bien conectado y pueda ponerme en contacto con los clubes de vela locales. Así, me presentan al propietario y presidente del mayor club náutico de Vladivostok. Conoce bien la comunidad náutica de aquí y promete ayudarme.

Ya he hecho una ronda por los puertos deportivos de la ciudad, lo que no me ha tranquilizado mucho: todo está vacío. ¿Dónde están todos los barcos de vela?

Como Vladivostok se congela en invierno —solo los grandes puertos industriales y militares se mantienen libres de hielo—, los marineros llevan sus yates a Corea para pasar el invierno. En condiciones normales ya deberían estar aquí, pero el coronavirus lo ha trastornado todo. Corea ha cerrado sus fronteras y los barcos rusos no pueden regresar. Por otra parte, los marineros extranjeros rara vez llegan a Vladivostok. Ahora no se les permitiría entrar, de todos modos. Todo parece muy difícil.

Una alternativa sería viajar en un buque de carga. A principios de año estuvimos en conversaciones muy prometedoras con una gran compañía naviera de buques portacontenedores; en principio, incluso había un compromiso. Pero también en este caso el virus lo ha echado a perder. Según la normativa vigente, muy estricta, todos los miembros de la tripulación de un barco tienen que permanecer en un lugar cerrado, no pueden reunirse con otras personas y, sobre todo, no pueden llevar a nadie a bordo. Ni siquiera el propietario o el presidente del consejo de administración podrían subir al barco. Así que alguien que pretende dar una vuelta al mundo tampoco podría.

Gran cambio de planes

Hay un segundo problema, que no es menos grave: las posibilidades de que se me permita entrar en Estados Unidos son actualmente casi nulas. Una cosa es que no pueda conseguir un ESTA, por mis estancias en Irán y Somalia, y otra que Estados

Unidos no haya reabierto las fronteras que se cerraron con Donald Trump, incluso tras el cambio de presidente. Una pena. En *Forrest Gump*, con Tom Hanks como protagonista, el personaje recorre toda América. Es una de mis películas favoritas y quería seguir sus pasos en cierto modo.

¿Cuáles son las alternativas que tengo? Debo correr una distancia de cinco mil sesenta kilómetros corriendo y tengo que pasar por América para completar la vuelta al planeta. Las alternativas realistas son solo Canadá y México. Yo daría preferencia a Canadá por el clima y la situación de seguridad. El problema es que allí también está prohibido entrar. En México sí se me permite la entrada. Finalmente, tomo una decisión. Bueno, más concretamente, las condiciones externas me hicieron tomar esta decisión: Estados Unidos y Canadá están cerrados, así que la carrera tendrá que atravesar México. La tercera disciplina de mi megatriatlón será diferente a como la pensaba, pero en cualquier caso resultará sin duda emocionante. Me tomo como una señal del destino el hecho de tener que volver a cambiar mi plan, en esta aventura que ya me ha traído tantos cambios, desvíos y sorpresas. ¡México, allá voy!

El cónsul honorario de Bangladesh

Que vaya a ser por México no facilita el paso por barco, porque en cualquier caso necesito una conexión directa. No es posible realizar escalas en Japón, Corea o Hawái. Así pues, ¿quién podría navegar voluntariamente de Vladivostok a México en un velero a finales de mayo o principios de junio? Bueno, quién sabe, hay cada loco por ahí... El único problema es encontrarlos. Aunque, siendo realista, tengo que decir que no lo veo demasiado de color de rosa.

Exploro todas las opciones y una de ellas es el mencionado presidente del club náutico, que se supone que tiene los mejores contactos. Es un hombre de complexión robusta que irradia una impresionante confianza en sí mismo y al que le gusta reírse a carcajadas.

—Jonas, haré todo lo que pueda por ti —me dice—. Conozco a mucha gente importante, como el ministro de Deportes. Casualmente me reuniré con él dentro de unos días. Tú déjame a mí...

Este hombre tiene mucha influencia, eso está claro. No solo es el presidente del club náutico, sino que es dueño de toda una parte del puerto, donde normalmente se amarran los barcos. Ahora se dedica a la política y es cónsul honorario de Bangladesh. Una personalidad deslumbrante.

Ya no me sorprende nada que venga de él. Dejo que me invite una noche a cenar en el club náutico. Después damos un paseo por el puerto. Allí está atracado un barco, *La Margarita*, un velero oceánico.

—¡Hombre, ese sería perfecto! ¿Podría llevarme directamente a México?

—Por supuesto. Déjame hacer a mí —me dice lleno de confianza.

Es imposible saber si es todo fuegos de artificio o si es verdad y al final saldrá de ahí la solución. En cualquier caso, me viene bien todo el apoyo que pueda recibir.

El hermano de Yuri, presidente de otro club náutico, me dice después que *La Margarita* es en este momento el único yate de toda la costa rusa del Pacífico y que está reservado ya en los próximos meses...

Espera activa

Me tengo que volver a armar de paciencia por lo tanto. Aprovecho esos días para hacer trabajos de oficina para los que no tengo tiempo: escribir correos electrónicos, mantener el contacto con los patrocinadores, configurar un nuevo teléfono móvil...

Ahora que los esfuerzos de los últimos meses han terminado, mi cuerpo me está pasando factura. El viaje a través de Siberia me ha desgastado mucho. Los dos primeros días me siento como siempre, porque mi cuerpo espera que lo fuerce de nuevo sobre la bici y, en consecuencia, mantiene todo en espera. Pero finalmente ha entendido que eso no es así de momento.

Cuando me despierto a la tercera mañana, me siento sin fuerzas. Me doy la vuelta e intento

dormir un poco más, pero no lo consigo. Un cansancio terrible se ha apoderado de mí. Sé que no estoy enfermo, sino que mi cuerpo acaba de pasar al modo de recuperación, no es la primera vez que lo experimento. Después de cada gran reto, llega este momento. Debería estar preparado, pero de alguna manera siempre me sorprende. Al menos sé que todo pasará tras unos días.

Me dejo convencer para participar en una carrera de bicicleta de montaña, el Campeonato de MTB de Primorski Krai (Primorski Krai es el nombre ruso de la región de Primorie, cuya capital es Vladivostok). Esto me servirá para reactivarme un poco.

Como dije al principio, Esposa no es una bicicleta de montaña, sino de grava, por lo que también es bastante capaz fuera de la carretera. Eso sí, la suspensión no es total. Tengo ganas de participar en la carrera. De los cuarenta participantes, soy el único que no tiene bicicleta de montaña. El recorrido es un

circuito de veinte kilómetros en la isla de Russki, frente a la costa de Vladivostok, que se recorre dos veces. Ya en la salida noto que puedo seguir bien el ritmo, las fuerzas de mis piernas no me han abandonado por completo después de todo; o las piernas se han dado cuenta de que se acabó el recreo y es hora de volver a empezar. Soy incluso el más rápido en las subidas, pero las bajadas son muy duras y tengo que ir con cuidado —no tengo la suspensión que pueda tener una MTB—. A veces incluso tengo que bajarme y cargar con la bicicleta, lo que me hace perder mucho tiempo. Al final termino en sexto lugar y recibo muchas felicitaciones. Ha resultado divertido.

Estoy encantado con la isla Russki. Está poco poblada, cubierta de muchos bosques caducifolios ligeros. Tiene playas suaves y acantilados escarpados. Es uno de mis lugares favoritos de Rusia. La isla es fácilmente accesible a través del puente Russki, de tres kilómetros de longitud, que atraviesa el llamado Bósforo oriental, no menos espectacular que el puente Solotoi, sobre el Cuerno de Oro. El puente me recuerda un poco al Golden Gate de San Francisco, salvo que es gris y no rojo.

Hago varios viajes a Russki en bicicleta, una parte solo y otra con mi anfitrión. Lo más destacado será una caminata de dos días en solitario, un modesto intento de acostumbrarse a desplazarme a pie, completamente relajado, sin presiones. En el extremo

sur de Russki, un vado de treinta metros de ancho conduce a la pequeña isla de Shkot. Este lugar está deshabitado, cubierto de hierba, brezo y arbustos, e irradia una calma paradisíaca. Con el agua hasta las rodillas recorro los dos kilómetros y medio de la isla hasta llegar a su final. Aquí los acantilados caen en picado hacia el mar. Veo una playa estrecha, podría bajar, pero aquí arriba se está tan bien que decido desenrollar mi saco de dormir y quedarme. Estiro las piernas y veo cómo se pone el sol. Estoy solo. En algún lugar, más allá del horizonte, está Japón. Más allá, el Pacífico. Y más allá... América. Demasiado lejos para llegar nadando.

Fijando la ruta por México

Mi plan para llegar a México está listo. Empezaré en Tijuana y primero me dirigiré hacia el sur por la península de la Baja California, que es en su mayoría desierto. A continuación, hay que cruzar en barco el mar de Cortés (el golfo de California) hasta llegar a Mazatlán, en el estado de Sinaloa. Desde allí subiré directamente a las montañas, algunas de ellas de más de tres mil metros de altura. Más al interior, a través de la Ciudad de México, Oaxaca, en el sur de nuevo al Pacífico, y sobre Chiapas a Yucatán. El destino final será Cancún. En total ciento veinte maratones, uno cada día.

La elección de la ruta no es caprichosa, tiene que ver con un peligro sobre todo: los cárteles de la droga mexicanos, que se sitúan a lo largo de la frontera estadounidense y en la costa del Pacífico. Ahí existe un riesgo considerable de ser atacado con violencia o secuestrado.

En comparación, la Baja California es más segura. El otro problemillas es que se trata de correr en verano... En la Baja California me esperan cuarenta grados de un calor seco, peor que en la costa continental, donde va acompañado de una humedad prácticamente del cien por cien. Eso me puede llegar a dejar fuera de combate. Por eso me voy corriendo inmediatamente a las montañas de la península, donde puede que siga habiendo treinta grados, pero al menos la humedad es menor. Eso sí, seguirá siendo duro: más de cinco mil kilómetros a través de México en verano. El paso más alto, el Popocatépetl, me llevará a más de tres mil metros. El abastecimiento tampoco será fácil: en el desierto probablemente tendré que llevar agua y comida a distancias de hasta cien kilómetros, porque la separación entre poblaciones es muy grande. Y necesitaré mucha agua. Ya puedo sentir el cosquilleo en las piernas. No puedo esperar.

Sin barco, en ninguna parte

Probablemente eran castillos en el aire. Ni siquiera el pomposo cónsul y propietario del club náutico pudo hacer nada. Para su alivio quizá deba reconocer que, aparentemente, no hay barcos de vela que se balanceen en el agua en ningún lugar del Extremo Oriente ruso. La intervención del ministro de Deportes tampoco ha servido de nada. Tendré que descartar completamente esta opción. Tampoco puedo buscar barcos más al sur, porque no se me permite entrar en ningún sitio.

Pero se produce el milagro: encuentro un carguero que navegaba hacia Corea y luego hacia México el 5 de junio. Es perfecto. Me pongo en contacto con la dirección de la empresa de transportes. Pero también aquí la respuesta es rotunda: de momento ni siquiera el propio jefe podría subir al barco.

Toda aquella situación debería hacer que me sintiera profundamente frustrado, pero aquí se impone de nuevo mi firme voluntad: el pesimismo no me llevaría a ninguna parte. No tengo barco y mi visado está a punto de expirar. Necesito una solución ya. Con el corazón encogido tengo que considerar lo que había descartado hasta ahora: llegar a México por aire.

Eso sí, esto implica atacar a la base de mi proyecto, que consiste en ser neutro en emisiones de dióxido de carbono en la carretera, una de mis principales preocupaciones. Todo eso tengo que tirarlo por la borda. He de admitir que he fallado en esto. Pero ¿qué significa eso? ¿Cancelarlo todo? Todavía puedo hacer la distancia de ciento veinte triatlones. He intentado todo lo que está en mis manos —y en las de muchos que me apoyan—, así que he de mirar hacia delante. No es de mi agrado agarrarme a la única opción que me queda, pero es la única.

Búsqueda de billetes

Pero tampoco es fácil hacer la travesía volando. No quiero volar hacia el oeste, sobre Europa, porque si no la vuelta al mundo no estaría completa, así que tengo que encontrar un vuelo que me lleve al este sobrevolando el Pacífico. Pero casi todos los vuelos que cruzan el Pacífico tienen una escala en Estados Unidos, donde no puedo entrar. No hay normas especiales para los pasajeros de paso aquí, incluso los que solo quieren cambiar de avión en un aeropuerto estadounidense deben tener un permiso de entrada.

Me paso días buscando el vuelo adecuado. Finalmente, consigo un billete, reservado a través de una agencia de viajes suiza, vía Seúl y Toronto hasta Ciudad de México. Pero un día después la compañía aérea cancela mi billete, parece que era demasiado arriesgado para ellos llevarme. Es cierto que existe una norma en los grandes aeropuertos de Asia y también de Canadá por la que puedes permanecer de paso hasta veinticuatro horas, siempre que solo lleves equipaje de mano y no cambies de terminal. Si había problemas con un vuelo, si se cancelaba o se retrasaba mucho, o si perdía mi conexión, la compañía aérea era responsable de mí y tenía que traerme de vuelta. Pero no se me permitiría volver a entrar en Rusia de ninguna manera. El mundo es a veces más complicado de lo que debería.

Finalmente, encuentro una conexión vía Tokio con Ciudad de México. Sin embargo, tengo que comprar dos billetes individuales con diferentes compañías aéreas y solo tengo tres horas para cambiar de avión en la capital nipona. Para que esto funcione, la aerolínea rusa tiene que aceptar llevarme sin billete de transbordo. Llamo por teléfono al aeropuerto de Tokio y a la embajada de Japón en Alemania para saber si eso es posible. La embajada me lo confirma, incluso por escrito, tras lo cual llamo a Aeroflot y a Air Nippon para asegurarme de que todo va a salir bien. Si perdiera el siguiente vuelo en Tokio, porque, por ejemplo, el avión de Vladivostok se retrasara, no tendría solución. Entonces, en lugar de en *Forrest Gump* tendría otro papel de Tom Hanks, concretamente el de *Terminal*, esa película en la que el protagonista se queda atrapado en la zona de paso de un aeropuerto durante meses. Bueno, si es lo suficientemente grande, podría dar paseos.

¿Qué me queda por hacer? Me arriesgo y reservo los dos vuelos. El vuelo desde Tokio lo hago a través de un portal de reservas en línea, pero enseguida me doy cuenta de un error: me he equivocado de día, en vez del domingo 6 de junio es el lunes 7 de junio... Solo me percato cuando voy a registrarme. Un día después... ¡No es posible! Intento llamar al teléfono de atención al cliente, pero como me temía nadie me responde. Solo consigo contactar con ellos a través del chat, pero, a juzgar por lo que leo, sospecho que es un robot lo que hay al otro lado, que me rechaza de forma muy grosera. Rara vez pierdo los papeles, pero en este momento sí: me pongo a gritarle a mi *smartphone*. Claro está, no sirve de nada.

El intento de volver a reservar el vuelo a través de la compañía aérea directamente también fracasa: yo no he reservado con ellos, así que no son responsables de mi situación. Finalmente, me atrevo a comprar un nuevo billete para un vuelo correcto esta vez directamente a la compañía aérea. Tokio-Ciudad de México al precio estándar es realmente caro. Sigo cabreado una hora más. Después de eso, debo dar por concluido el asunto, pues tengo muchas otras cosas que hacer.

En el aeropuerto

El día antes de la salida, me hago una PCR, que resulta también una experiencia interesante. Los rusos normalmente solo se someten a la prueba si quieren viajar. Por lo demás, esta prueba no tiene mucha demanda. El protocolo en el centro se sigue de una manera bastante laxa. Para empezar, ni siquiera el personal que te hace la prueba lleva mascarilla. El resultado es negativo, así que al menos desde ese punto de vista todo va bien.

El domingo por la mañana llego al aeropuerto, cuatro horas antes de la salida, por precaución, porque me temo que surjan dificultades. Aeroflot no ha podido o no ha querido confirmar por teléfono que la carta de la embajada japonesa haya sido aceptada, así que igual no me dejan embarcarme... Además, mi visado para Rusia ya ha caducado. El presidente lo prorrogó automáticamente hasta el 15 de junio, pero me temo que no todos los funcionarios han recibido esta información...

Me preocupa que se repita lo que viví en marzo cuando entré en Rusia. Por aquel entonces, tras el primer intento fallido, podía volver a proar al día siguiente. Pero eso aquí no sería posible, porque entonces perdería esos vuelos y no podría volver a reservar (sin mencionar los costes que me ocasionaría todo esto). Además, el vuelo de enlace a Tokio solo sale una vez a la semana. La situación sería realmente crítica.

Así que soy el primero en el mostrador de facturación. Y llega exactamente la situación que tanto temía:

—Señor Deichmann, su visado ha caducado. No debería estar aquí.

—Pero si todos los visados de los extranjeros han sido prorrogados hasta el 15 de junio, por decreto del propio presidente.

—No sabemos nada de eso.

Muestro a los empleados de la aerolínea la página de internet donde se puede ver el decreto oficial.

—Hm... Espere aquí.

Volvemos a hablar por teléfono con al menos diez oficinas diferentes. La información parece ser contradictoria. No entiendo lo que se dice y no puedo entender nada de sus reacciones. Tengo que mantener la calma, una vez más. Eso funcionó para los trabajadores chinos y los guardias fronterizos rusos, tal vez esta vez también. Después de unos cuarenta minutos, el empleado termina su investigación y parece satisfecho. El problema parece estar resuelto, pero cuando vuelve a mirar el monitor ve más: si realmente tengo permiso para pasar por Tokio, si existe la seguridad de que vuele de regreso a México, si se me permite entrar en México, si no necesitaría un visado... La burocracia se despliega en todo su esplendor.

Muestro todos los papeles que tengo, explico lo que se puede explicar y trato de parecer cooperativo y dispuesto, sin perder mi firmeza. Mientras tanto, se han unido a nosotros otros empleados de la compañía. No saben muy bien cómo dirigirse a mí.

Finalmente, se les ocurre la misma idea que al funcionario de visados de la embajada de Berna: tengo que firmar un papel en el que se indique que yo asumo las consecuencias de un posible varamiento en Tokio y que Aeroflot ya no se hace responsable de mí. También me dicen que, en caso de que no pueda tomar el vuelo de Tokio a México hoy por cualquier motivo —ya sea porque se cancele, ya sea porque lo pierda—, me metería en un gran problema. En teoría, podría permanecer en Tokio durante veinticuatro horas, pero la zona de paso cierra a medianoche. Tendría que abandonar la zona, pero no se me permitiría entrar.

Les digo que sí, que soy consciente de eso. Ya me ha pasado muchas veces, no encuentro una solución mejor. Hay situaciones en la vida en las debes pensar que todo va a salir bien.

Finalmente, facturan mi equipaje y paso al control de pasaportes y aduanas. También allí mi visado caducado es un problema. Pasan otros veinte minutos hasta que los funcionarios de la frontera me permiten el paso.

Tokio

Embarco, aún con el miedo en el cuerpo. Apenas puedo creerme que se me permita llevar mi equipaje de mano en el compartimento situado encima de mi asiento. Me dejo caer por fin sobre el sillón. El avión debe llevarme de Vladivostok a Tokio en dos horas. Así, como a cualquier otro pasajero.

Me siento un poco como si estuviera en el sitio equivocado. Creo que también destaco, porque en este avión —hay un tercio de rusos y dos tercios de japoneses— soy el que tiene la barba más larga.

Lo que llama la atención no es solo el aspecto diferente de las personas, sino también su comportamiento: todos los japoneses llevan mascarilla, algunos incluso con protectores faciales adicionales, mientras que a los rusos los asistentes de vuelo tienen que decirles repetidamente que por favor se la pongan.

Tras el aterrizaje, los rusos se levantan inmediatamente y se dirigen hacia la salida, aunque previamente se ha anunciado que los pasajeros de paso deben bajar primero. Los japoneses, en cambio, permanecen sentados de forma disciplinada, para desembarcar ordenadamente uno tras otro. Todos los tópicos se cumplen aquí al cien por cien en dos horas.

Como todo pasajero que esté de paso, tengo una escolta personal que me acompaña por el aeropuerto. Por el camino, todos los documentos (billete, pasaporte, prueba covid, etc.) se me vuelven a revisar escrupulosamente, todo ello con la proverbial cortesía japonesa. Después de las experiencias tan diferentes que tuve con los funcionarios rusos, esta es de lo más tranquilizadora para los nervios.

Ahora estoy sentado en la puerta de embarque esperando mi vuelo a Ciudad de México, que al parecer estará a su hora. Todavía no me confío del todo. Si todo sale bien, llegaré a México hoy, una hora antes de lo que salí, después de trece horas de vuelo. Sobre el Pacífico cruzo la línea internacional de la fecha y gano un día del calendario. Mi avión sale de Japón a las 16:40 y llega a Ciudad de México a las 15:30. El mismo día.

El hecho de que no haya funcionado con el barco y que al final haya tenido que volar es un contratiempo y una pena extrema, pero ya lo he asumido. En realidad, es una ironía del destino: en todo el mundo la pandemia ha provocado una enorme reducción del tráfico aéreo y, por tanto, también de las emisiones de dióxido de carbono; pero a la vez el dichoso virus me está fastidiando un viaje neutro de dióxido de carbono alrededor del mundo. Al final no he podido elegir. Pero eso no cambia la prueba alrededor del mundo en la que me encuentro. Además, he decidido que, por la contaminación que provocaré en la atmósfera, voy a hacer un donativo, como compensación, a una de las organizaciones que se ocupan de conservar la naturaleza.

México

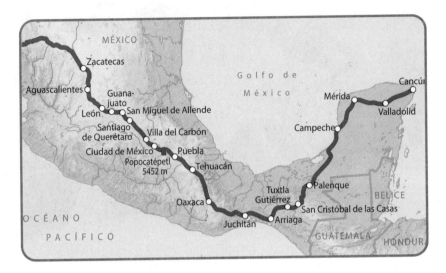

● 5060 km, 700 Std.

Ciento veinte maratones de un tirón (cargando con un remolque)

Todo va bien. Mi avión sale puntualmente de Tokio, por lo que llego a Ciudad de México una hora antes de la que salí, hora local. Me doy un día en la capital para superar al menos un poco el *jet lag* y aclimatarme. En Vladivostok hacía un calor agradable, pero aquí hace calor de verdad, es pleno verano. Mis músculos, que estaban aún tensos, empiezan a relajarse de inmediato. Cuando cierras los ojos y te quedas ahí, en la luz resplandeciente, una cálida calma fluye por todo tu cuerpo.

Durante el día, me dejo llevar sin rumbo por la ciudad. México me fascina desde el primer minuto. El país brilla con sus colores vivos y su gente alegre. La música suena por todas partes y sobre todo la comida es, con perdón, infinitamente mejor que la rusa.

Al día siguiente vuelo a Tijuana, donde comenzará mi carrera de cinco mil sesenta kilómetros por el país: ciento veinte maratones, uno al día. Markus ya está allí, me acompañará con su cámara durante los próximos días. No he podido convencerlo de que corra conmigo. Ya ha tenido que pasar por muchas otras cosas en este viaje, así que lo dejo así.

Aprovechamos el día para los últimos preparativos. Como no tengo un equipo de apoyo conmigo, he de llevar todo mi equipaje encima. Para la natación tenía mi balsa como contenedor de transporte. En la bicicleta, las cosas más necesarias podían sujetarse al cuadro y bajo el manillar. Para la carrera es un remolque, un *kidrunner*, diseñado para que los padres lleven a sus hijos cuando hacen *footing* y no quieren empujar una silla de paseo o un cochecito.

También podría haber usado algo así como un remolque para bicicletas, pero para los corredores es algo bastante nuevo. En la barra de tiro se coloca un cinturón, así puedo mantener una postura erguida mientras corro. Además tengo los brazos libres, algo muy importante para hacer distancias largas. Los «bebés» que llevaré en mi remolque son la ropa, el saco de dormir, una tienda de campaña ligera y mis otras cosas. Sobre todo espacio para suficiente agua, necesitaré mucha con el calor que va a hacer. ¿Podría llevar todo esto en una mochila? Imposible.

El *kidrunner* llega a tiempo, gracias a la ayuda activa de un triatleta local, mi único contacto aquí en Tijuana. Es un buen comienzo. Eso sí, tengo que montarlo yo mismo.

El comienzo

A la mañana siguiente nos ponemos en marcha. El punto de partida se encuentra en la monstruosa valla fronteriza con Estados Unidos, que se adentra en el mar aquí en la playa. Las barras de acero se elevan más de cinco metros en el aire y llevan alambre de espino fijado en la parte superior. Hay helicópteros volando por el lado americano. Te quedas algo conmocionado ver esto por primera vez. Los lugareños llaman al muro «da zona Trump», aunque haya otro presidente, Joe Biden, eso no ha cambiado. Especialmente para un alemán, con la historia de nuestro país con este asunto, es muy triste ver cómo se sigue separando con tal brutalidad a la gente usando muros.

Cuando me dispongo a empezar a correr, un joven se me acerca, un poco tímido.

—¿Eres Jonas? —me pregunta.

—Sí.

—Quieres correr un maratón aquí, ¿no?

Un seguidor me había dicho que a un amigo suyo le gustaría correr un poco conmigo, pero no esperaba que apareciera nadie.

—Sí —respondo—, quiero correr un maratón por esta zona hoy, y otro mañana, y otro cada día, hasta que termine recorriendo todo México.

—De acuerdo —dice el chico—. Soy Leonardo. Si no te importa, hoy iré contigo un rato.

No sé muy bien si se lo ha creído o si cree que solo soy un fanfarrón. Pero no importa, empezamos a correr juntos.

En este mismo momento me doy cuenta de que este es el comienzo de una gran amistad.

Carretera n.º 1

Tijuana es una ciudad de casi dos millones de habitantes que se extiende principalmente hacia el interior y ocupa solo una estrecha franja en la costa. Pasado menos de una hora ya estamos fuera. Las playas se acaban, la costa se vuelve más escarpada y áspera. Caminamos por la carretera n.º 1, que discurre directamente junto al mar. Markus nos acompaña, primero en la bici y después en el coche. Leonardo y yo nos mantenemos en el arcén de la autopista de cuatro carriles, que es lo suficientemente ancha como para no sentirme amenazado por el tráfico.

Me siento sorprendentemente ligero, teniendo en cuenta que prácticamente no he corrido durante siete meses. Bueno, todo lo que he hecho hasta ahora, la natación y la bici, lógicamente me beneficia. El océano Pacífico ruge a la derecha y la carretera ofrece vistas espectaculares una y otra vez. Leonardo, al que cada vez le gusta más el asunto, nos invita a Markus y a mí a comer en su casa, que está justo en nuestro camino. Durante el almuerzo le cuento con más detalle lo que estoy haciendo. Al principio se queda boquiabierto,

pero al poco se emociona. Su amigo no le había contado nada (o no le había contado lo suficiente). Cada vez nos entendemos mejor.

Dolor y orgullo

Leonardo deja de correr con nosotros durante un tiempo, pero quiere volver a unirse por la tarde. Es evidente que la idea le ha encantado. La tarde es dura para mí: después de unos treinta y cinco kilómetros me empiezan a doler las piernas. Eso no me sorprende, después de todo acabo de empezar un maratón, lo que significa apretar mucho el culo durante el resto de la distancia.

Es un calvario de siete kilómetros. Llego a Rosarito después de cuarenta y dos kilómetros, más arrastrándome que corriendo. Markus y Leonardo ya me están esperando allí.

Tras un breve descanso, el dolor queda anulado por el orgullo y la satisfacción de estar en México haber completado mi primer maratón y acercarme a mi objetivo de circunnavegar el globo en ciento veinte distancias del triatlón.

Cuando pienso en las dificultades que he tenido para volar hasta aquí o en el drama que rodea a mi visado ruso, lo veo muy claro: especialmente si dependo de otros, mi proyecto puede estar en peligro, pero en cuanto estoy solo, capaz de moverme con mis propios medios, avanzo. A veces de forma lenta, pero siempre segura. Me siento feliz de soportar el dolor. El límite soy yo.

Eso no cambia el hecho de que cada paso que doy me duela cuando voy con Leonardo a un bar por la noche. El lugar está

Leonardo

Encontrarse con Jonas fue una coincidencia, pero por otro lado estoy convencido de que estábamos predestinados a coincidir. Nunca había oído hablar de él. Un amigo que vive en Berlín desde hace dos años me contó que había un tipo interesante en mi ciudad natal, Tijuana, que quería correr un maratón.

Pensé que sería estupendo poder correr con él. Eso fue la noche anterior. Esperaba a un grupo de corredores, pero en el punto de encuentro solo había un tipo barbudo con su remolque y otro tipo..

El barbudo con su remolque y su amigo con la cámara, que solo estaba haciendo fotos y grabando. Intercambiamos algunas palabras. Jonas empezó a correr y yo me uní a él, solo para hacer unos pocos kilómetros, en principio.

Pasamos muchos días juntos, algunos de los más hermosos e importantes de mi vida. Jonas me cautivó de la manera más fácil posible: hizo lo que quería con total coherencia y no dejó que nada se interpusiera en su camino. Conocerlo me enseñó mucho sobre mi propia vida. Sin grandes discursos, simplemente a través de su ejemplo vivo.

extrañamente amueblado... Sujetadores y billetes de dólar cuelgan de las paredes y del techo... Comemos y bebemos (más lo segundo). ¡Qué bien me siento ahora! Estiro mis doloridas piernas y disfruto. La velada se vuelve divertida: suena la música, entran más invitados y Leonardo se desinhibe de verdad. ¿Solo Leonardo? En algún momento, cuando ya hemos cambiado la cerveza por tequila, me encuentro bailando con los demás, a mi estilo, ciertamente, pero sin timidez. La última vez que bebí tanto alcohol fue en la sauna de Chita.

A la mañana siguiente no puedo ni levantarme de la cama, mucho menos correr cuarenta y dos kilómetros. Y es por la resaca. Cuando el peso de mi cuerpo cae sobre mis piernas, un dolor agudo me recorre todo el cuerpo. Cada paso es una tortura.

Pellizcarme a mí mismo está fuera de lugar. Me arrastro hasta mi remolque, me pongo el cinturón y salgo cojeando. Markus me observa dubitativo. Al cabo de unos minutos el dolor no remite, pero me acostumbro a él. Lo peor ha pasado. Ahora puedo apartarlo de mi mente y observar cómo se me va aliviando cada vez más.

Así que ese día corro mi siguiente maratón, siempre a lo largo del Pacífico azul, bajo un sol brillante. A lo largo de la carretera me

encuentro puestos que ofrecen agua de coco, elaborada con cocos frescos, una bebida siempre bienvenida, refrescante, deliciosa e incluso un poco isotónica.

Por la noche, el dolor vuelve con fuerza. Hago todo lo posible por ocultar que estoy para el arrastre: «Sí... Bueno, ahora me duelen un poco las piernas», respondo a la pregunta preocupada de si todo está bien. Pero sin toda todos se han dado cuenta ya de mi estado.

Mi destino para hoy es un mirador con una magnífica vista sobre el Pacífico, donde quiero pasar la noche al aire libre. Pero no contaba con un policía local, que me ahuyenta con aspavientos de mi intento de acampar. Estoy a punto de irme a buscar otro refugio, cuando Leonardo, que ha estado corriendo conmigo durante los últimos kilómetros, me dice:

—Te invito a mi casa hoy.

Pienso entonces: «¿Por qué no? Solo tengo que empezar aquí de nuevo mañana», así que dejé que me subiera al coche y me llevara a su hogar en Tijuana. Markus también viene y pasamos otra agradable velada juntos. Aunque con un poco menos de alcohol.

La motivación disminuye

Tengo compañía de nuevo para mi maratón número tres. Thomas, un maestro bodeguero suizo que vive aquí y que quedó conmigo en Instagram, me acompaña durante los primeros veintiocho kilómetros. Saca uno de sus vinos blancos de la nevera de su ingeniosa camioneta para tomarlo durante la pausa del almuerzo. Es un buen vino; realmente, no me han faltado las delicias culinarias en México hasta ahora. Me resulta mucho más fácil correr con esta maravillosa bebida motivadora en el estómago.

Thomas se vuelve entonces y Leonardo se une a mi camino de nuevo. Me siento feliz de estar con él por dos razones: en primer lugar porque nos hemos hecho muy amigos y en segundo lugar porque me distrae de mi dolor. Mis piernas van mejorando, poco a poco, pero cada vez me duele más la espalda. El remolque que

llevo detrás pesa veinte kilos. Para variar, me lo pongo por delante y lo empujo en lugar de tirar de él, y parece que funciona. A partir de ahora, alterno entre tirar y empujar.

Publicidad

Por la tarde llegamos a Ensenada, la última gran ciudad del norte de la Baja California. Aquí Markus conoce a un ciclista que es dueño un café, el cual nos invita a todos a una deliciosa cena. Comer así restablece por completo las calorías que he consumido esta jornada: tacos, burritos, enchiladas... Me encanta la comida mexicana y no tengo problema con el picante.

Thomas y Leonardo también se unen a la fiesta, por supuesto. Estoy rodeado de verdaderos amigos. El hecho de que hoy no me duelan tanto las piernas me levanta aún más el ánimo.

Algunos periodistas, invitados por Leonardo, también acuden al restaurante esta noche. Este es el punto de partida de la enorme publicidad que recibiré en todo México en los próximos meses. Y todo gracias a este joven que nunca había oído hablar de mí, que al principio solo quiso correr unos kilómetros conmigo y que ahora está al cien por cien implicado en el proyecto. Es un gran tipo, reservado a primera vista pero increíblemente entusiasta. Conocerlo es un gran regalo de este viaje para mí.

Los medios de comunicación locales se quedan conmigo. A la mañana siguiente concedo más entrevistas, para una televisión y una radio, lo que retrasa mi salida. Leonardo correrá conmigo por

última vez hoy, no puede seguir desatendiendo tanto su vida normal. Esta vez quiere correr toda la distancia, su primer maratón, y después de solo tres días de preparación. Otros se entrenan durante meses para hacer una. Leonardo es un ejemplo vivo de uno de mis lemas favoritos: todo está en la cabeza. Le di un empujón y su motivación es tan grande que pudo hacerlo, por supuesto que sí.

Otra vez solo

A partir del quinto día, vuelvo a quedarme solo, Markus se ha ido. Algo más se ha ido también: el dolor. En los últimos días mi cuerpo se ha adaptado a las exigencias. Era de esperar, en algún momento los músculos se rinden a su suerte. Resulta muy agradable no tener que apretar los dientes para hacer cualquier movimiento. Aumento mi ritmo a unos siete kilómetros por hora, que no sería muy rápido si solo tuviera que correr un maratón. Pero son ciento veinte, así que hago entre cuarenta y tres y cuarenta y cinco kilómetros al día sin molestias.

Después de Ensenada, la ruta se aleja de la costa, primero a través de una gran zona vinícola (donde Thomas trabaja para cuatro bodegas diferentes) y luego en el valle de San Quintín, la gran zona agrícola de la Baja California. El paisaje se vuelve más montañoso y la temperatura sube. Para evitar el calor, empiezo temprano, hago una larga pausa para comer y vuelvo a correr por la tarde.

Me mantengo en la carretera n.º 1, que ya no es de cuatro carriles, pero que sigue estando bien asfaltada y ofrece suficiente espacio para mí y mi remolque junto al carril.

La mayor parte del tiempo no hay mucho tráfico, y donde se hace más pesado los conductores son extremadamente considerados, incluso los que llevan grandes camiones. Si es necesario, incluso se detienen detrás de mí y adelantan solo cuando la carretera está despejada. Los conductores no son nada agresivos, no tocan el claxon, no dicen palabrotas, sino que me saludan amistosamente por la ventanilla o me animan. No es precisamente esto lo que sucede en las carreteras rurales alemanas... A menudo, incluso alguien se detiene, sale del coche y me ofrece una botella de agua o algo de fruta. Nunca me había ocurrido nada parecido en mi vida.

La gente me conoce, me he dado cuenta ya, porque han aparecido toda una serie de reportajes sobre mi aventura en diversos medios de comunicación. Una emisora de radio local de San Quintín tiene informados a sus oyentes continuamente en directo en su página web sobre dónde me encuentro. Mientras corro recibo una cifra nada desdeñable de visitas. Cada pocos minutos un automovilista se detiene para hacerse un selfi conmigo. Tengo más para comer y beber de lo que puedo consumir. Las constantes paradas, eso sí, hacen que pierda el ritmo, pero la alegría lo supera con creces, el calor que recibo es sencillamente abrumador. La diferencia es enorme con respecto a otros países. Me he enamorado por completo de México y no dejo de pensar en lo que me habría perdido si, en lugar de eso, hubiera recorrido Estados Unidos o Canadá como estaba previsto.

Recibo muchas invitaciones de alojamiento, que siempre acepto con gusto, pero también me encanta acampar al aire libre. Las noches bajo el cielo estrellado, que brilla especialmente debido al aire seco y a la ausencia de contaminación lumínica, me estimulan. Monto mi tienda de campaña un poco lejos de la carretera, dejo que el sol se hunda tras el horizonte y me pongo en sintonía con el universo. El cielo está despejado y no hay que temer que llueva. Solo he montado la tienda interior, que únicamente se cierra en la parte superior con una mosquitera, así puedo ver las estrellas incluso cuando estoy acostado.

Me mantengo en la carretera n.º 1, que ya no es de cuatro carriles, pero que sigue estando bien asfaltada y ofrece suficiente espacio para mí y mi remolque junto al carril.

La mayor parte del tiempo no hay mucho tráfico, y donde se hace más pesado los conductores son extremadamente considerados, incluso los que llevan grandes camiones. Si es necesario, incluso se detienen detrás de mí y adelantan solo cuando la carretera está despejada. Los conductores no son nada agresivos, no tocan el claxon, no dicen palabrotas, sino que me saludan amistosamente por la ventanilla o me animan. No es precisamente esto lo que sucede en las carreteras rurales alemanas... A menudo, incluso alguien se detiene, sale del coche y me ofrece una botella de agua o algo de fruta. Nunca me había ocurrido nada parecido en mi vida.

La gente me conoce, me he dado cuenta ya, porque han aparecido toda una serie de reportajes sobre mi aventura en diversos medios de comunicación. Una emisora de radio local de San Quintín tiene informados a sus oyentes continuamente en directo en su página web sobre dónde me encuentro. Mientras corro recibo una cifra nada desdeñable de visitas. Cada pocos minutos un automovilista se detiene para hacerse un selfi conmigo. Tengo más para comer y beber de lo que puedo consumir. Las constantes paradas, eso sí, hacen que pierda el ritmo, pero la alegría lo supera con creces, el calor que recibo es sencillamente abrumador. La diferencia es enorme con respecto a otros países. Me he enamorado por completo de México y no dejo de pensar en lo que me habría perdido si, en lugar de eso, hubiera recorrido Estados Unidos o Canadá como estaba previsto.

Recibo muchas invitaciones de alojamiento, que siempre acepto con gusto, pero también me encanta acampar al aire libre. Las noches bajo el cielo estrellado, que brilla especialmente debido al aire seco y a la ausencia de contaminación lumínica, me estimulan. Monto mi tienda de campaña un poco lejos de la carretera, dejo que el sol se hunda tras el horizonte y me pongo en sintonía con el universo. El cielo está despejado y no hay que temer que llueva. Solo he montado la tienda interior, que únicamente se cierra en

la parte superior con una mosquitera, así puedo ver las estrellas incluso cuando estoy acostado.

Un crujido en el suelo

Una de las siguientes tardes me ocurre algo curioso. He encontrado un buen lugar y estoy a punto de estirarme, cuando veo algo moviéndose en el suelo, a menos de dos metros de mí. Una serpiente de cascabel se arrastra entre los arbustos escarpados. No es muy grande, tal vez medio metro, y afortunadamente no viene hacia mí, pero de todos modos me ha dejado en alerta. Siento un gran respeto por las serpientes venenosas. Evito cualquier movimiento brusco y observo hacia dónde se desplaza. Luego vuelvo a meter mis cosas en el remolque y camino veinte metros más. No tiene mucha lógica, porque por supuesto la serpiente podría venir aquí, pero yo no soy una presa para ella, así que me dejará en paz mientras mantenga la distancia. Y si las cremalleras de la tienda están cerradas, no se acercarán a mí más que los escorpiones y las arañas venenosas, que también hay de eso por aquí. Así que nada se interpone entre mí y una noche de ensueño a la luz de las estrellas.

Hacia el desierto

El último pueblo antes de que comience el desierto se llama El Rosario y se encuentra en un pequeño río que abastece de agua a algunos campos de la zona. A partir de aquí, comienza el espectacular paisaje árido, que espero con inmensa ilusión. Cada cincuenta o cien kilómetros hay un pequeño rancho o algunos restaurantes; por lo demás, solo desierto y espacio. Ya he completado nueve maratones y me siento excelente. El remolque circula sin problemas por el asfalto, siempre que el terreno sea llano. En cambio, tirar de ella cuesta arriba requiere mucha fuerza, por lo que los veinte kilos se notan enseguida. Cuesta abajo es quizás aún más difícil: si tengo el remolque a mi espalda, me empuja por detrás, lo que es bastante incómodo; si lo llevo delante, tengo que inclinarme hacia atrás y equilibrar el peso para que no me arrastre. En los tramos empinados, debo correr algo inclinado hacia atrás, una técnica completamente nueva que estoy seguro de que ningún otro maratonista ha probado todavía.

La carretera gira y se adentra en el interior montañoso, desde el nivel del mar hasta los seiscientos cincuenta metros, y luego sube y baja constantemente. Es brutalmente agotador. A esto hay que añadir el calor, de hasta cuarenta grados, y que no hay sombra en ningún sitio. Apenas puedo beber lo que sudo. Tengo entre seis y siete litros de agua en el remolque, además de comida para dos días. Mi preocupación de que podría deshidratarme en el desierto resulta ser infundada, porque los coches no paran de darme botellas de agua por la ventanilla. La recompensa a mi esfuerzo es algo único: el desierto. La tierra es marrón y está quemada por el sol, pero aparece en tonos que cambian constantemente según la posición del astro rey. Vastas extensiones se alternan con rocas dentadas, y entre ellas, verdes, se alzan los enormes cactus, de más de diez metros de alto, algunos doblados por el viento, otros elevados. Es un paisaje extraño, espectacular y hermoso del que soy único espectador la mayor parte del tiempo. Especialmente al atardecer y por la noche, cuando acampo bajo el amplio y claro cielo, surge una magia que no se puede describir con palabras. Hay una docena de lugares fantásticos para montar mi tienda de campaña; o también puedo hacerlo en el desierto.

Aquí y allá recibo visitas: a veces es una serpiente de cascabel, a veces un escorpión se asoma a la tienda. Las serpientes son lo suficientemente simpáticas como para darse a conocer haciendo ruido si te acercas demasiado. En general, el riesgo es escaso, solo tengo que vigilar dónde pongo el pie.

Mi estrategia de carrera depende de las condiciones. Una opción es empezar a las seis de la mañana, para que después de los primeros treinta kilómetros, más o menos, pueda parar en un restaurante, comer allí y echar una siesta a la sombra. Por la tarde corro otras

dos horas. Otra opción es dividir las distancias para llegar a un restaurante por la tarde y pasar la noche cerca. Así no solo tengo una cena caliente, sino que puedo empezar la mañana con un buen desayuno. Los restaurantes con servicio de internet también me ofrecen la posibilidad de mantener contacto con mis seguidores en las redes sociales. En general, no hay cobertura en el desierto.

¡Música!

Poco antes de llegar a la pequeña ciudad de Cataviña, en pleno desierto de cactus, tengo un encuentro muy especial con los lugareños, siempre dispuestos a ayudar en lo que puedan. Me estoy tomando un descanso a unos metros de la carretera cuando, de repente, un minibús llega rugiendo y se detiene justo a mi lado. Cinco hombres salen, se colocan delante de mí y empieza a sonar música. Es un grupo de mariachis que me toca una serenata. Han leído sobre mí y han venido a motivarme con sus canciones. Lo han conseguido. Cuando vuelvo a empezar tras la pausa, estoy tan eufórico que primero intento dar algunos pasos de baile antes de retomar mi ritmo habitual. Con este apoyo, correr un maratón es pan comido.

El cuerpo también va bien. Los últimos cinco días he corrido siempre un poco más que mi carga de trabajo diaria, así que ahora estoy casi veinte kilómetros por encima de mi objetivo. Eso es bueno, porque, una vez que haya cruzado al continente, voy a ganar hasta tres mil metros de altitud al día en las montañas. Seguramente voy a necesitar ese colchón de kilómetros, por no hablar de todas las emocionantes e imprevistas dificultades que pueden acechar detrás de cada esquina y cada cactus en una aventura de este tipo. Ahora mismo, sin embargo, me siento más fuerte día a día. Corro con relativa facilidad y me siento fresco de nuevo para la siguiente.

Llega la lluvia, un golpe de suerte

Acabado el decimoséptimo maratón ya he cruzado el primer estado de México en toda su longitud y he atravesado la frontera con el sur de la Baja California. El desierto se convierte en un páramo monótono, sin cactus, donde los días se alargan bastante. Yo a lo mío: me mantengo concentrado en lo que hago este día y no me agobio con la idea de que mañana seguramente volverá a ser igual de sombrío, lo mismo que el siguiente... ¡Ya me estoy quejando y no quiero! Hoy voy a completar lo que me he propuesto hacer, y si no es divertido, pues no es divertido. Que el desierto llegará a su fin en algún momento, eso es seguro, aunque sea difícil de creer durante las largas horas en las que el horizonte parece clavado, lo que no quiere decir que allá a lo lejos venga algo más.

Concretamente, en este caso, significa que poco después de la frontera llego a la localidad de Guerrero Negro, en la que ya hay signos de civilización. Allí me invitan a un hotel, con ducha. Una delicia después de cuatrocientos kilómetros de desierto. La presión del agua no es particularmente fuerte, pero suficiente para llevarse el polvo de mi cuerpo. Podría estar bajo el agua durante horas, pero, sabiendo que es un bien preciado en esta zona, no la despilfarro.

En Guerrero Negro vivo por primera vez lo que me sucederá después en tantos lugares de México, a menudo a una escala mucho mayor que aquí: algunos corredores se agolpan la mañana siguiente en la puerta del hotel con la intención de acompañarme en mi desafío diario. Los primeros se retiran rápidamente, solo dos siguen aún conmigo cuando llevo media maratón. Esta parte del desafío por México es difícil desde el punto de vista mental. Si ya era poco variado antes, ahora hay que surcar una carretera de cien kilómetros en línea recta a través de un páramo sin vegetación en su mayor parte. Hay casas aisladas e incluso algunas granjas, ya que en ciertos lugares los recursos hídricos subterráneos hacen posible mantener cierto tipo de agricultura. Pero son pocas las manchas de color en un paisaje gris-marrón.

Así que sigo adelante durante dos días y medio. Recorro una media de cuarenta y cinco kilómetros al día y me alegro cuando este camino llega por fin a su fin.

Me alegro especialmente de que Leonardo haya vuelto, después de casi dos semanas de vacaciones. La relación entre nosotros es ahora mucho más estrecha. Sigue sin creerse que quiera recorrer todo México solo... Bueno, últimamente ya sí se lo va creyendo más, porque ve lo que avanzo día a día. Se hace cargo de que soy extranjero en su país y se siente un poco responsable de mí, en cierto modo. Lleva suficiente agua y comida en su coche de alquiler para que no me muera de inanición. A veces hasta tengo que refrenar un poco su instinto protector.

Por otro lado, es evidente que nuestro encuentro ha despertado algo fundamental en él: quiere cambiar su manera de vivir y lo está haciendo, siguiendo mi aventura. Esa es la otra razón, quizá la más importante, por la que me acompaña. Y lo bueno es que nos llevamos muy bien.

Como todos los días corre a mi lado, siempre tiene que hacer autostop para volver a su coche. Esto le funciona siempre porque todos los que van en la dirección correcta están encantados de llevarle. Por la noche buscamos un lugar agradable para acampar o alguno de los amables espectadores nos invita a alojarnos en su casa.

Un oasis en el desierto

Poco a poco, el paisaje vuelve a ser más variado, con montañas y cactus. La carretera atraviesa la península desde la costa del Pacífico, que dejé en Guerrero Negro, hasta el golfo de California, en el que entraré por el pequeño pueblo de Santa Rosalía. A mitad de camino, pero todavía a cincuenta y cinco kilómetros, se encuentra el oasis de San Ignacio, un rayo de esperanza en esta zona tan poco amigable.

Por la mañana, poco después de empezar mi jornada (Leonardo quiere acompañarme más tarde), un coche se detiene a mi lado. Son Bonnie y Paul, dos canadienses que dirigen el Ignacio Springs en el Oasis.

—Oye, tú eres Jonas, ¿verdad? Te ofrecemos cama y desayuno en San Ignacio si quieres para esta noche.

—Muchas gracias.

—De nada, te prepararemos una buena cena. Ya verás, te gustará estar con nosotros.

En realidad, hoy solo quería correr mis cuarenta y dos kilómetros normales, pero la perspectiva de una cama y un chapuzón en el agua fresca me motiva enormemente. Hace calor y el hecho de que el paisaje haya vuelto a ser más interesante solo significa que hay unas cuantas colinas empinadas con las que lidiar. Mientras tanto, Leonardo se ha unido de nuevo a nosotros. Nos animamos mutuamente y llegamos al maravilloso oasis de palmeras poco antes de la puesta de sol. Allí un río verde nos invita a bañarnos. Más tarde, la cena prometida por los canadienses supera todas mis expectativas.

Bajo el volcán

Es difícil separarse de este lugar a la mañana siguiente. Ya son las diez y media cuando por fin empiezo el día. Comenzar tan tarde es un castigo, porque ya está cerca el calor abrasador del mediodía. Me alegro de llegar a un restaurante después de la mitad de la distancia, allí puedo descansar un buen rato.

La carretera asciende suave pero constantemente hasta la falda de un volcán. Estoy en una cadena de montañas escarpadas y desnudas que destacan con nitidez sobre el cielo azul intenso. Abajo se extiende una amplia llanura bañada por el sol, cubierta de matorrales bajos y cactus solitarios. El paisaje es espectacular, todo es... ¡grande! Me quedo como un puntito bajo el volcán y no me canso de verlo. Dormiré aquí hoy, no se me puedo ni imaginar un lugar mejor.

La bajada al día siguiente es dura, pone a prueba mi resistencia. Voy descendiendo durante mucho tiempo por un estrecho cañón. Ahora el calor se une a la alta humedad, me acerco de nuevo a la costa. La temperatura sube a más de cuarenta grados, no hay absolutamente nada de viento, no hay sombra en ningún sitio. Desde abajo, el asfalto negro irradia aún más calor sobre mí. Probablemente se podría freír un huevo en el suelo. La jornada se vuelve tremendamente agotadora. Es uno de los días más duros que he tenido hasta ahora.

Una iglesia de acero
Por la tarde llego a la costa del golfo de California y camino unos kilómetros más por el mar hasta llegar a Santa Rosalía. Allí me esperan. Poco antes, una patrulla de policía me recoge y me escolta hasta el centro. Allí me encuentro con una pequeña recepción organizada por el ayuntamiento, con cena y hotel incluidos.

Estoy contento. Respondo a todo lo que preguntan, les doy las gracias y me como una enorme ración de enchiladas. Cuando por fin llego a mi habitación, me pongo bajo la ducha durante diez largos minutos para quitarme bien todo el polvo del cuerpo, el pelo y la barba.

Por supuesto, no puedo obviar la vista más famosa de Santa Rosalía, una iglesia construida íntegramente en acero por Gustave Eiffel, que se presentó en la Exposición Universal de París de 1889. Más tarde se desmontó y se envió por caminos sinuosos a Santa Rosalía, donde se encuentra desde 1897. La iglesia no es muy grande y a primera vista no es realmente impresionante, pero el famoso nombre de su constructor y el acero con el que se hizo la hacen única.

La ruta, que ahora lleva a lo largo de la costa, a través de paisajes áridos en el interior, es variada y especialmente hermosa, directamente junto al mar. El calor y la gran humedad me siguen afectando. Como aquí hay más pueblos en los que puedo conseguir comida y sombra, la división de mi carga de trabajo diaria, en dos partes, empezando temprano y haciendo una larga pausa para comer, funciona bastante bien. Así que cada día corro al menos mis cuarenta y dos kilómetros. Me siento en forma, no me puedo quejar. Solo me han salido algunas ampollitas en los pies, nada grave, las he ido curando en los últimos días. Después de los primeros mil kilómetros —por lo tanto, la quinta parte de la distancia total—, voy adelantado con respecto a lo previsto. Es una buena sensación tener este pequeño colchón, por si acaso.

La bandera del pescador

Un pequeño río que desemboca en el golfo de California convierte aquí la pequeña ciudad de Mulegé en un oasis dentro del paisaje desértico y caluroso de la península de la Baja California. De repente, todo es verde y exuberante, las palmeras y los árboles frutales crecen en cada esquina. Llego a este paraíso después de una carrera matutina en la que lo he pasado bastante regular, a última hora de la mañana. Allí puedo echar una siesta en una hamaca en el jardín de una pareja americana, a la sombra de las palmeras. Después, me siento tan bien que completo la segunda media maratón por la tarde en dos horas y media.

Aquí en Mulegé voy a conocer a algunas personas que tendrán mucha importancia en lo que queda de recorrido por México.

Por ejemplo, durante un breve descanso para tomar algo en el camino, entablo conversación con un pescador. Se alegra de que hable español y quiere saber qué estoy haciendo en su país.

—¿En serio quieres recorrer México entero?

—Sí. Mira, ya he llegado hasta aquí desde Tijuana. Mañana seguiré hacia La Paz, luego hacia el continente, a la capital y después a Cancún.

—¿Cancún? Eso son muchos kilómetros. Pero dime, ¿por qué has querido pasar por México? ¿Qué te parece mi país?

Le respondo, sin contarle que la idea original era cruzar los Estados Unidos.

—México es genial, maravilloso. La gente es muy amable. Solo he tenido buenas experiencias aquí. Como ahora. El hecho de poder conversar contigo es un gran regalo para mí.

—Es un orgullo para mí oírte decir esto cierto. Mira, tengo algo para ti...

Saca entonces una bandera mexicana, verde, blanca y roja, con el águila en el centro, y me la da. Lo meto en mi colgante en lugar de la banderita roja. México me ha tratado tan bien hasta ahora que este pequeño gesto de agradecimiento es lo menos que puedo hacer a cambio.

También me encuentro con Roberto, enviado por Ravir Film. Se quedará grabándome durante los próximos días. Inmediatamente siento que hemos conectado por completo. Su carácter abierto, su humor travieso y su evidente entusiasmo por su profesión me convencen de inmediato. Está ahí con su coche, me adelanta, me graba de frente y de lado, se queda atrás, me vuelve a adelantar. Leonardo, que todavía me acompaña, le ayuda a veces, cuando no está corriendo. Además, también ellos se llevan bien. Y como ahora hay dos coches disponibles, Leonardo ya tiene alguien fijo que lo lleve de vuelta hasta su coche, en lugar de hacer autostop. Por la noche acampamos los tres y conversamos bajo las estrellas parpadeantes. Nos despertamos al amanecer y empezamos la jornada cuando sale el sol. En la playa nos paramos a descansar... Somos como tres niños que se divierten juntos.

Playas de ensueño

Entre Mulegé y Loreto, a ciento treinta y cinco kilómetros, paso por unas playas hermosas. La zona es un popular destino de vacaciones, también para los turistas de Estados Unidos. Bahías en forma de medialuna con la arena más fina, bordeadas por afloramientos rocosos, frente a un mar brillante de color azul profundo a turquesa. Es un placer correr por aquí. Mis descansos para comer son doblemente relajantes, porque puedo refrescarme en el agua, fresca comparada con la temperatura del aire. Una vez incluso me prestaron un kayak y me fui a remar un poco.

En Loreto, Roberto se va de nuevo. Entonces algunos miembros del club de corredores local y el perro del club se unen a nosotros, lo que da un impulso extra a mi motivación. Me hablan de una playa especialmente bonita, a la que tengo que llegar esta tarde, donde es maravilloso acampar. Quiero ir allí, por supuesto.

Después de unos kilómetros todos se marchan. Me encontraré con Leonardo esta noche, así que sigo solo el resto de la tarde. Corro y corro, pero la playa prometida no llega. Parece que no me han informado bien sobre la distancia a la que estaba. Se hace de noche y sigo, porque aquí precisamente no puedo montar mi tienda, junto a la carretera: el terreno es demasiado accidentado o está cercado con alambre de espino.

Cuando finalmente llego a la playa es de noche. He recorrido casi cincuenta y ocho kilómetros, la distancia más larga hasta ahora. Pero el esfuerzo valió la pena, porque la playa es de ensueño. Y Leonardo y yo la tenemos toda para nosotros. Me gusta el silencio que hay, solo subrayado por el suave sonido del mar. Al día siguiente veo salir el sol, busco un lugar a la sombra y me quedo un poco más. Ayer hice horas extras, así que ahora me puedo permitir disfrutar un rato más.

Mi cuerpo ha soportado el esfuerzo añadido sin problemas. Cuando me obligo a salir, no siento ninguna molestia. El único problema es el calor, que ya me tiene en sus garras de nuevo. Temo incluso que las suelas de mis zapatillas empiecen a derretirse en algún momento.

Roberto: El efecto Jonas

Cierto día Ravir Film me encomendó la tarea de ir a grabar a Jonas durante su aventura por México. Lo vi por primera vez en la carretera de Mulegé, en Baja California, en el punto en el que el nombre de la ciudad está blasonado en letras de colores sobre la orilla del río. Jonas quería seguir sin detenerse mucho, así que nuestro saludo fue relativamente breve. Durante los cuatro días siguientes mi fascinación por este hombre no hizo más que crecer. Le acompañé varias veces después, primero como parte de mi trabajo. más tarde por mi cuenta. Una y otra vez observé y experimenté por mí mismo lo inspirador que Jonas puede llegar a ser entre la gente. No solo grabé, sino que también corrí con él. En el proceso hice un amigo. Jonas me ha enseñado a ser disciplinado y decidido; a pensar en grande, pero siempre dividiendo una tarea en pequeñas etapas; a ser constante; a no perder nunca de vista el objetivo a pesar de todas las dificultades; a ser positivo, a sonreír, a divertirse y a disfrutar del camino. Muchas personas han usado estos consejos en sus vidas. Yo lo llamo «el efecto Jonas».

Desierto de nuevo

La carretera se va alejando de la costa y sigue subiendo constantemente hacia el interior. Cuando estaba diseñando el recorrido me preocupaba un poco que tuviera dificultades para abastecerme de agua y comida, porque aquí no hay más que desierto en decenas de kilómetros. Afortunadamente, los desconocidos me van proporcionando agua en sus coches. Es una excelente noticia, porque así puedo quitar peso en mi remolque. Cinco litros de agua pesan cinco kilos.

Estar tan alto es un alivio, porque aquí no hace tanto calor como en la costa, sobre todo por la noche. Por primera vez desde hace mucho puedo dormir bien.

El desierto se ve interrumpido por zonas agrícolas en torno a Ciudad Insurgentes y Ciudad Constitución, donde los depósitos de agua subterránea permiten la agricultura a gran escala. Nada más entrar en la población aparece gente: son del club de corredoras. Me acompañan desde Ciudad Constitución y cubren conmigo veintiún kilómetros. Lo pasamos realmente bien. Son una docena de chicas llenas de alegría que van haciendo una fiesta tremenda todo el tiempo. Me siguen pitando los oídos un buen rato después de que nos separamos.

Leonardo ha regresado a Tijuana, así que estoy solo los últimos días hasta La Paz. Vuelve a hacer más calor y a ser más duro, pero sigo cumpliendo con mis distancias de maratón todos los días.

He cometido un gran error con el ferri de La Paz a tierra firme, que tengo que pagar al final de mi travesía por la Baja California: había supuesto que el ferri saldría de La Paz exactamente, pero en realidad el puerto está a veinte kilómetros. Como he anunciado mi hora de llegada a tierra firme en todas partes, tengo que hacerme estos veinte kilómetros adicionales durante los próximos tres días, lo que hace entre cincuenta y sesenta kilómetros cada jornada. Lo haré, sin duda, pero me va a suponer un gran gasto de energía.

Al otro lado del Golfo

En La Paz varios clubes de corredores, más de cien personas en total, habían anunciado que me acompañarían. Por desgracia, la incidencia del virus se ha disparado en los últimos días, por lo que la ciudad ha sido declarada zona roja y se han ampliado la restricciones. Por ello, hemos limitado la comitiva a un máximo de diez corredores. Aunque son pocos, la bienvenida sigue siendo muy cálida. Doy entrevistas y soy capaz de vencer el calor del mediodía en una piscina, antes de afrontar los últimos veinte kilómetros hasta el puerto de donde zarpa el ferri esta noche hasta Mazatlán.

La embarcación cruza el golfo de California en once horas. Con mi saco de dormir como almohada, me tumbo en la cubierta, pero apenas consigo dormir por el calor sofocante y el monótono golpeteo del motor. El viento dispersa el aire viciado, pero hace que las nubes de humo del respiradero me den a la cara.

Las cinco semanas por el paisaje desértico de la Baja California han sido una gran experiencia y una introducción ideal a México. La amabilidad y la disposición de la gente me han facilitado el camino. Pero ahora tengo ganas de algo diferente, más verde, y de montañas de verdad. Llevo dos días de adelanto, algo que me tranquiliza.

La expectación por el corredor de Alemania también es grande en Mazatlán. Los periodistas y el equipo de béisbol de la ciudad me esperan en el puerto. El béisbol es el deporte nacional en México y Los Venados de Matzatlán es uno de los equipos profesionales más importantes. No sé mucho de este deporte, pero me siento muy honrado cuando me ponen la camiseta y la bandera de Los Venados y me acompañan al estadio. La mascota de Los Venados, un ciervo de nariz respingona y ojos grandes, corre conmigo, con toda la ropa puesta, a treintaicinco grados y con mucha humedad... ¡Cómo lo debe estar pasando la persona que esté metida ahí dentro! A continuación, la recepción en el estadio, junto con unos tacos increíblemente deliciosos. Por la tarde vuelvo a salir de la ciudad, acompañado por Uwe y Hans de Ravir Film, cuya cámara me acompañará durante los próximos días.

Llegada a Sinaloa

Mazatlán es la segunda ciudad más grande del estado de Sinaloa y un punto especialmente caliente debido al tráfico de drogas. Está controlada en gran medida por un único cártel de narcotraficantes. En las montañas, dicen, la policía no tiene nada que hacer en este sentido. Todo el poder reside en el cártel. Es en su territorio donde tendré que adentrarme cuando pase de la llanura costera a la Sierra Madre Occidental. Aunque según parece Sinaloa se considera actualmente razonablemente seguro para los turistas. Esperemos que esto también se aplique a los que nos dedicamos a los retos extremos. Cuando decidí hacer la ruta por México la cuestión de la seguridad fue lo que más dolores de cabeza me dio. No tengo experiencia con el crimen organizado y no me gusta especialmente, pero no hay manera de pasar por México obviando este problema. Seré prudente y no me dejaré atrapar por el miedo.

Recorro otros treinta kilómetros por la autopista y me meto al anochecer en el primer hotel que encuentro. Resulta ser un motel muy cutre, pero por la hora que es ya no tengo tiempo de buscar otro. La llanura costera es peligrosa, me dicen, así que acampar ahí está descartado. Después de todo, no admitir el miedo no significa tentar a la suerte.

Hacia las montañas

Al día siguiente me dirijo directamente a las montañas, un ascenso desde el nivel del mar hasta los dos mil ochocientos metros que me lleva tres días. Como siempre hay una bajada entre medias. El desnivel total es de cuatro mil metros, y eso rodeado de un paisaje espectacular. ¡Qué diferencia con el desierto de la Baja California! Todo es de un verde exuberante, la fertilidad brota literalmente de la tierra. Alrededor de los pueblos la gente cultiva frutas y verduras, los arroyos desembocan en ríos más pequeños y la selva virgen se extiende por las laderas de las montañas.

Antes de la subida, realmente empinada, me detengo de nuevo en un pequeño restaurante. Ahí me advierten de que el camino lateral que quiero tomar conduce a través de una zona de cultivo de marihuana y opio, completamente controlado por el cártel. Desde que se completó la autopista a través de las montañas, el estado aparentemente se ha desentendido por completo de esta zona. Me dicen que se les ha informado de que voy a venir y que saben quién soy. Algunos miembros del cártel probablemente incluso me sigan en las redes sociales. Me vigilarían y probablemente me controlarían, pero que, si seguía sus reglas, no tendría nada que temer, más o menos como me lo imaginaba. Tengo curiosidad por empezar.

Narcolandia

La carretera que sube está llena de curvas y casi sin tráfico. Poco a poco, dejo atrás la selva tropical de las tierras bajas y el peor calor. La gente es extremadamente servicial aquí también. Algunos incluso corren detrás de mí y me ofrecen mangos, es temporada.

Pasados diez kilómetros, aparecen las primeras patrullas: hombres jóvenes en motos de *cross* con *walkie-talkies* y pistolas al cinto.

Un poco más tarde, alguien con una radio emerge de los arbustos, obviamente es el que está al mando. Quiere saber exactamente qué ruta estoy llevando y qué hacen Hans y Uwe, que me siguen con la cámara desde Mazatlán. En cuanto al dron, nos da instrucciones inequívocas, de manera amistosa pero firme:

—Puede grabarte por encima de la carretera, pero si se aleja demasiado lo derribaremos.

No hay duda de que habla completamente en serio.

La carretera sigue subiendo. Llego a una zona donde hay un río. Algunos lugareños retozan en el agua. Por supuesto, aprovecho para meterme también. Poco después, me vuelven a parar dos jóvenes armados en una moto que me hacen preguntas. Da la impresión de que tienen más curiosidad que otra cosa. Cuando dejan que me vaya, después de unos minutos, me desean muy amablemente un buen viaje.

Por la tarde, paso la noche en un bonito pueblo antiguo. Me cuentan que hace unos años la zona estaba dominada por una banda de narcotraficantes, cuyos miembros eran completamente imprevisibles y siempre estaban amedrentando a la gente. Se decía que disparaban si tocaba el claxon a la persona equivocada en la calle. Tuvo lugar una guerra entre las bandas, de la que salió victorioso el actual cártel. Desde entonces, la paz ha prevalecido, porque los actuales gobernantes quieren seguir con sus negocios sin ser molestados, es decir, cultivar y vender sus drogas, no les interesan los turistas muertos. Incluso parece que la población le tiene una gran estima. A veces vienen al pueblo y ayudan con comida y dinero cuando alguien tiene alguna necesidad. En cierto modo, sustituyen al estado. Tienen una especie de sistema de justicia propio, con personas de contacto a las que se puede acudir cuando surgen problemas y que luego encuentran una solución, sea cual sea. Aparentemente no disparan inmediatamente. En el caso de las faltas más graves, me han dicho varias veces, lo primero es una paliza, combinada con una advertencia seria. El poder de los narcos es mucho mayor que el de la policía en zonas normales, lo saben todo. Esto confirma mi apreciación: en su territorio, nadie se atreverá a hacerme nada a mí ni al equipo de rodaje mientras sigamos sus reglas. Probablemente estoy en uno de los lugares más seguros de México por paradójico que parezca.

Cuanto más subo, más salvaje se vuelve el paisaje. Las cascadas caen espectacularmente desde las paredes rocosas y los altos árboles sustituyen cada vez más a los arbustos bajos de las zonas más bajas. Entro en una zona de clima templado. La gente con la que me encuentro sigue siendo amable, pero ahora es mucho más reservada. Se puede distinguir fácilmente quiénes pertenecen a los narcos por su postura, seguros de sí mismos; además, llevan radios. Todos los que viven aquí los conocen, estoy en su zona central.

Por la tarde, las compuertas del cielo se abren de repente y un fuerte chaparrón me cae encima. Disfruto de la primera vez que me llueve en México, aunque en algunos momentos el agua que cae sea demasiada. Es una sensación realmente maravillosa. Me quito la camiseta y sigo caminando.

Esa noche quería montar mi tienda en el bosque, pero esto se ve dificultado por la lluvia y el viento. También mi idea es bastante complicada de poner en práctica por otras causas. Por un lado, quiero dormir lejos de la carretera, pero por otro no debo alejarme demasiado de ella, no sea que tropiece inadvertidamente

con una plantación de drogas y me meta en problemas. Finalmente, me retiro unos metros hacia un camino lateral y encuentro un buen lugar bajo unos pinos altos. Me acurruco en mi saco de dormir y escucho el tamborileo de la lluvia en el techo de la tienda, un sonido desconocido y a la vez tan familiar. «Acogedor» es una palabra que nunca habría pensado en relación con México pero es exactamente lo que me viene a la mente justo antes de sumirme en un largo y reparador sueño.

El tercer día en las montañas también me lo paso rodeado de belleza natural. Mientras tanto, he llegado a la frontera con el estado de Durango. La carretera sigue ascendiendo, en parte, por las paredes de la roca. Una y otra vez se abren vistas abrumadoras del magnífico panorama montañoso. Los loros revolotean cuando paso, me encuentro con serpientes en la carretera, una vez una tarántula gigante se cruza en mi camino. Y aquí hay muchos escorpiones, cuya picadura puede ser mortal.

Tengo un encuentro muy especial poco antes de llegar a la cima del puerto. A última hora de la tarde descubro un pueblo un poco alejado de la carretera y decido pedir allí agua para pasar la noche. Probablemente no estaba atento, o no me lo esperaba: me doy cuenta demasiado tarde de que los centinelas con *walkies-talkies* están sentados en los tejados de las casas y me observan muy de cerca. Me quedo muy impresionado durante un momento, pero afortunadamente recupero la compostura al poco. Volver atrás ahora o incluso huir sería probablemente lo más estúpido que podría hacer, así que continúo caminando con paso firme y grito:

—¡Disculpe! ¿Podría darme un poco de agua?

Algunos de esos hombres se acercan lentamente, pero mantienen la distancia.

—¿Agua? —repito.

Ahora uno se separa del grupo. Obviamente es el jefe del pueblo y no parecer ser un campesino mexicano normal de la montaña. La ropa fina que lleva indica claramente que sus fuentes de ingresos son otras.

—Hola, hombre —me dice—. ¿Quieres agua? La tendrás. Pero escucha, será mejor que mires por dónde vas en el futuro. ¿Y quiénes son esos tipos de ahí atrás? ¿Están contigo? —Se refiere a Hans y Uwe.

Empiezo a explicarme pero me corta rápidamente.

—Sí, lo sé. Sé quién eres y qué haces aquí. Corriendo por todo México ¿eh? No está mal, hombre, no está mal. Pero dile a tus chicos que mantengan su dron bastante por encima de la carretera, ni muy a los lados, ¿de acuerdo? Así todos contentos.

Finalmente me dan agua y otra orden clara: dónde puedo acampar esta noche. En el camino de vuelta, hago un esfuerzo por pasar por alto los numerosos bidones de gasolina de gran tamaño que, obviamente, son necesarios para los aviones de transporte. No, seguro que este no es un pueblo agrícola de montaña normal.

Coqueta

Llego al pueblo llamado La Ciudad. Ya estoy en la meseta mexicana Después de la densa selva de la empinada subida, ahora camino por bosques con algunos pinos. Me recuerda un poco a la Extremadura española. La oficina de turismo local me ha invitado. Como los últimos días he superado mi objetivo de maratón, a pesar de los muchos metros de altitud, hoy me permito una ruta más corta, con solo treinta kilómetros. Una visita guiada a las impresionantes y poderosas cascadas de Mexiquillo y una suave cama en el hotel son el final perfecto para este relajante día.

A la mañana siguiente transito a través de bosques montañosos hasta el punto más alto de este tramo, dos mil ochocientos metros, antes de llegar a El Salto después de cuarenta y seis kilómetros. Una ciudad de verdad de nuevo después de mucho tiempo. La zona está aumentando de población poco a poco y cada vez cuenta con más negocios. Ya no hay rastro de narcos ni de plantaciones de droga. También me esperan y, por invitación de la prefectura, me dan hotel y comida. A la mañana siguiente, el club de corredores local me acompaña fuera de la ciudad. Con ellos vienen algo más: es Coqueta, una perra callejera a la que le gusta mucho correr y que siempre acompaña al club en sus carreras.

La mayoría de mis compañeros temporales se dan la vuelta después de hacer unos diez kilómetros, solo uno dura todo el medio maratón y luego se queda atrás. En cambio Coqueta permanece a mi lado todo el tiempo.

—Oye, ¿qué haces? ¡Vuélvete!

El animal me mira y mueve la cola.

—¡Venga, con los demás!

Da dos pasos en la dirección que señalo y se vuelve hacia mí.

«¿Y ahora qué hago? No puedo llevarla de vuelta».

Sigo caminando y la perra me acompaña como si nos conociéramos desde hace años. No está mal el plan en realidad, pero no funcionaría a largo plazo, no puedo cuidar de ella.

Paro en el siguiente restaurante, le traigo algo de comer y me como yo unos tacos. Entonces me dirijo al anfitrión:

—Señor, perdone, ¿podría hacerme un favor? Necesito deshacerme de este perro, que no deja de seguirme. ¿Podría sujetarlo hasta que me vaya?

—Sí, señor, claro.

Pone su brazo alrededor del cuerpo de la perra con cariño pero con firmeza. Cojo la puerta y giro en la siguiente curva. Poco después, veo que Coquera vuelve a correr a mi lado, supongo que porque el anfitrión no era lo suficientemente fuerte.

—Te he gustado, ¿eh? ¿O es solo que estás cumpliendo tu sueño de correr hasta muy lejos?

Recorremos cincuenta kilómetros ese día y, cuando monto mi tienda para pasar la noche, mi nueva amiga se instala enfrente. Hmm, ahora sí que debo tener cuidado: es una criatura muy cariñosa y ya me gusta. Pero no es posible que se quede conmigo, se perdería en el tráfico de la Ciudad de México enseguida. Con la vida que llevo no puedo llevar perro de ningún modo. Le doy algo de beber y de comer, y me abstengo deliberadamente de hacerle más demostraciones de amistad, aunque me resulte difícil.

Cuando salgo de la tienda de campaña por la mañana, el animal sigue, por supuesto, allí.

—Muy bien, ven, veamos cuánto duras.

Realmente yo esperaba que se rindiera, pero me demuestra sin esforzarse mucho que estoy equivocado. Incluso después de otros cincuenta kilómetros, que cubrimos por el altiplano, no parece estar cansada en lo más mínimo. Mientras tanto, los medios de comunicación han recogido su historia y las noticias sobre Coqueta y yo.

Nos acercamos a Durango, la capital del estado del mismo nombre, y cada vez se suman más corredores y ciclistas a mi aventura. A veces hay más de cien, seguidos de una comitiva de coches que tocan el claxon; incluso he recibido escolta policial en ocasiones. Está claro que Coqueta está disfrutando de la atención y el ajetreo.

Una *delicatessen*: escorpión

Frente a la catedral, nos recibe el jefe de turismo y un doble del héroe nacional mexicano Pancho Villa, nacido aquí. A continuación, me dan un breve paseo por el casco antiguo y me llevan al mercado, donde me dan a probar la especialidad local: escorpión.

Por lo general, no digo nunca que no a lo que me ofrecen en el camino —siempre que los del lugar también lo coman—. También acepto probar el escorpión. Está cubierto de polvo de chile y es demasiado picante. Solo añadiéndole unas gotas de zumo de lima puedo darle un bocado. No siento nada en especial. Es muy crujiente, pero no puedo decir a qué sabe realmente porque el picante lo tapa todo. Tal vez eso sea algo bueno. Afortunadamente, no me obligan a comer más. Me ofrecen también un buen mezcal, el famoso aguardiente de agave mexicano, para regarlo.

Estoy alojado en una *suite*, en el último piso del hotel Casablanca, con una magnífica vista sobre el casco antiguo. Tras largas discusiones con el director del establecimiento, a Coqueta le permiten dormir en un almacén. Antes de cerrar la puerta de mi habitación y poder meterme en la cama, tengo que conceder al menos quince entrevistas, no solo para la prensa local, sino también para cadenas de televisión de ámbito nacional. En los medios de comunicación me apodan «el Hombre Récord» o «el Forrest Gump real», en referencia a la gorra Bubba Gump que llevo en México desde el principio. Mi foto suele aparecer junto a la de Tom Hanks en la película. ¿Se enterará de mi aventura la estrella de Hollywood?

Una heroína vuelve a casa

La mañana vuelve a ser intensa. Debe haber ochenta corredores en la salida. Están de fiesta: cantan, gritan, los coches tocan la bocina... El ambiente es espectacular. Coqueta sigue corriendo a mi lado, aún no sabe que una familia de El Salto ha encontrado a alguien que quiere adoptarla. Así que los siguientes kilómetros serán los últimos, entonces será el momento de decir adiós. Suben a la perra a una camioneta que la lleva a su nuevo hogar. ¿Debería estar triste ahora después de ciento treinta kilómetros recorridos juntos? Por supuesto que no, creo ha sido un final feliz. Después me envían fotos y vídeos de Coqueta recibiendo una bienvenida digna de una heroína en El Salto. El alcalde le cuelga una medalla antes de que se reúna con su nueva familia. La cobertura televisiva en directo del perro más famoso de México es tremenda. Hasta luego, Coqueta. ¡Hemos hecho un buen equipo! Continúo mi aventura. Los corredores de Durango se van retirando uno a uno, pero yo sigo teniendo compañía todo el día, porque aquí hay enormes rebaños de ganado que pasta en un paisaje verde y ligeramente accidentado. Este día logro recorrer cincuenta y cinco kilómetros, hasta El Nombre de Dios, uno de los llamados pueblos mágicos. Este título honorífico, otorgado por la Secretaría de Turismo de México está reservado a lugares especialmente bellos de arquitectura colonial histórica. Aquí también me atienden bien: me ofrecen hotel, comida, visita guiada a la ciudad y visita a la cercana cascada de El Saltito.

Poco a poco me voy acostumbrando a ser popular en México. A estas alturas puedo contar con una invitación del alcalde y una escolta policial en casi todas partes. Incluso en una pequeña ciudad como El Nombre de Dios quince corredores me acompañen hasta la frontera del distrito. Y allí ya está esperando el siguiente grupo. La gente canta, me anima, es muy entusiasta. Hay momentos de exageración que casi me dan miedo. En algunos lugares incluso conectan las sirenas cuando llego. La pequeña ciudad de Vicente Guerrero me ofrece una recepción particularmente loca: toda la ciudad está en pie a lo largo de las calles y cientos de ellos se han reunido en la plaza principal para animarme. Es increíble.

Dolor en el tobillo

Entre Vicente Guerrero y Sombrerete, mi próximo destino del día, se encuentra la frontera con el estado de Zacatecas, que se considera actualmente el más peligroso de México, porque en él se enfrentan dos cárteles de la droga. Tiroteos todos los días, docenas de muertes. Afortunadamente, no me doy cuenta de nada de esto, porque casi siempre voy acompañado de un grupo de corredores y a menudo tengo escolta policial. Ni que decir tiene que solo corro durante el día y que aquí no acampo al lado de la carretera. Para mantener mi seguridad, el ajetreo que me rodea es en realidad lo mejor.

Durante días atravieso la meseta central mexicana en compañía, siempre a unos dos mil metros de altura. El calor no es un problema aquí. Suelo mojarme más a menudo porque es la temporada de lluvias. La zona es agrícola, se cultiva principalmente maíz, frijoles y chiles; también veo una y otra vez grandes rebaños de ganado.

Inesperadamente, surge un problema: hace dos días que me duele el tobillo, lo que me obliga a reducir una de las etapas del día. En realidad, quería cubrir sesenta y cinco kilómetros hasta la ciudad de Fresnillo, pero tuve que interrumpir la marcha después de unos agonizantes cuarenta y dos kilómetros. No hay ningún hotel cerca, solo una pequeña iglesia en el camino, que me ofrece sitio para alojarme.

Estoy preocupado. ¿Soportarán mis articulaciones los maratones que me quedan? Si no mejoro mañana, solo correré los veintitrés kilómetros que faltan hasta Fresnillo y me daré el resto del día para descansar. No quiero ni imaginarme lo que ocurrirá si tengo el tobillo dañado...

Cuando me levanto a la mañana siguiente, no siento ningún dolor. Los primeros pasos con el remolque tampoco me sientan mal. Afortunadamente. ¿Se ha resuelto el problema por sí solo? Eso parece. Al principio intento ir con cuidado, pero pronto vuelvo a mi trote habitual. Al llegar a Fresnillo, me tomo mi tiempo para comer. Me siento tan bien después que me olvido de aquello de tomarme un día de descanso y completo mi carga de trabajo diaria en el maratón. Por la noche, todo sigue en su sitio. Me siento infinitamente aliviado.

La ciudad de la plata

Mi llegada a Zacatecas, la capital que da nombre al estado, vuelve a ser de cine. Al menos treinta corredores me esperan a las afueras

de la ciudad para acompañarme por su hermoso casco antiguo. En el centro, el Ministerio de Turismo me ha preparado una pomposa fiesta de bienvenida, similar a la de las ciudades anteriores, solo que con una dimensión mayor. El hotel, la comida, la visita guiada a la ciudad... Muchas gracias. La visita al casco antiguo merece especialmente la pena. Durante siglos, Zacatecas fue muy próspera como centro de extracción de plata de las minas de los alrededores. Esto todavía se puede ver hoy en día en la magnífica arquitectura colonial.

En Zacatecas recibo una visita muy grata: Roberto vuelve a estar conmigo durante unos días para seguir grabando, apoyado por una generosa beca de viaje de la Secretaría de Turismo. Inmediatamente volvimos a conectar espléndidamente.

Corta carrera en el béisbol

Llego al siguiente estado, Aguascalientes, y alcanzo su capital, del mismo nombre, tres días después. Gente de fiar me invita a

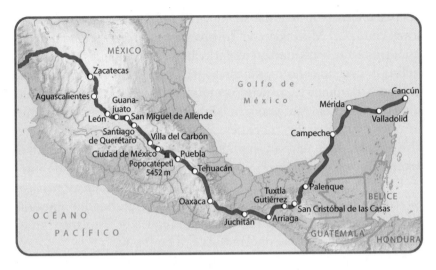

recorrer el camino. Voy escoltado por la policía y acompañado por algunos corredores. En Aguascalientes, una ciudad de más de setecientos mil habitantes, se desata la locura: los clubes de corredores me rodean prácticamente; dos atletas me invitan a sus casas; recibo una distinción oficial del Ministerio de Cultura; los telediarios nacionales; algunos diarios informan sobre el «Forrest Gump alemán» en sus portadas... Me da un subidón.

Nada más llegar, el club de béisbol local, los Rieleros de Aguascalientes, me invita al estadio para que vea un partido de primera división. Es un encuentro muy importante. Me han invitado a lanzar la bola inicial. Soy consciente del honor y, a pesar de lo agotado que estoy tras la larga carrera, me esfuerzo.

El ritmo no para en México, los seguidores van y vienen, una invitación —a veces privada, a veces oficial del municipio— sigue a otra. Solo en contadas ocasiones tengo que buscarme yo mismo hotel para descansar. Acampar al aire libre está descartado por razones de seguridad. Roberto se ha vuelto a marchar después de Aguascalientes. Estoy deseando volver a encontrarme con él en Ciudad de México, donde vive.

Me mantengo en las carreteras principales, en cuyo arcén puedo mantener la distancia con el tráfico, que aumenta bastante. León es la siguiente metrópoli —1,6 millones de habitantes, una de las mayores ciudades de México—. También aquí el ajetreo es enorme. Al entrar, cae un chaparrón que inunda toda la calle. Un grupo de ciclistas, otro de ocho motocicletas de la policía y otros vehículos me escoltan mientras atravieso la ciudad. En los cruces se detiene el tráfico hasta que pasemos con seguridad. Resulta muy agradable para mí, pero para los coches es un puro caos.

Suele hacerse así para los invitados de estado, solo que ellos salen más rápido en sus limusinas. Sería una imagen interesante, el primer ministro de X país corriendo con zapatillas de *running*. Resultaría un problema para los servicios de seguridad, pero sería mucho más interesante para los espectadores.

Patrimonio mundial de la UNESCO

Por la mañana, salgo de la ciudad por la autopista, que está muy concurrida, pero la escolta policial nos protege bien a mí y a mis acompañantes. Estoy muy contento y agradecido de que la policía mexicana me preste tanta atención.

Pero, como quiero experimentar algo más que el paso estruendoso de los camiones y las luces azules delante y detrás de mí, después de treinta kilómetros me meto en una carretera que lleva hacia las montañas y a Guanajuato. Sigue siendo de cuatro carriles, pero mucho más tranquila. En las afueras de la ciudad, me sorprende una fuerte tormenta que me cala hasta los huesos. No importa, mis cosas más importantes están empacadas a prueba de agua, así puedo ponerme ropa seca por la noche y dejar que mis anfitriones me enseñen la vida nocturna de la ciudad.

Guanajuato es patrimonio de la Humanidad por la UNESCO. Resulta un lugar altamente inspirador: las casas de colores se extienden a lo largo de las laderas a ambos lados de un estrecho valle fluvial, hay plazas llenas de flores y callejones sinuosos. Todo está lleno de vida. Paso una velada maravillosa en divertida compañía.

Continúo hacia San Miguel de Allende. He elegido una pequeña carretera de montaña para ello. Estoy solo la mayor parte del camino; ir sin compañía no es habitual, pero con ello disfruto de

la soledad. Después de las últimas semanas siendo observado por tanta gente, estas horas solo me transmiten paz y una sensación de libertad. Estoy tan lejos de todo que me atrevo a acampar de nuevo al aire libre, después de mucho tiempo. La lluvia tamborilea en la tienda toda la noche, un sonido maravilloso para dormirse.

Con el cartel del pueblo de San Miguel cruzo una frontera imaginaria pero para mí mágica: voy a completar la mitad del camino. Son 2532 kilómetros y, por tanto, sesenta distancias de maratón. Algunos de los corredores que me esperan en las afueras de la ciudad han venido desde otros estados. Me estoy quedando con unos amigos, Susi y Jorge, de Ciudad de México, que tienen una casa de vacaciones en San Miguel de Allende y están allí en este momento. Lo celebramos en la piscina con buena comida, juegos de cartas, tequila y muchas risas. En cambio, me decepciona la propia San Miguel, considerada una de las ciudades más bellas de México y además patrimonio de la Humanidad. Completamente invadido por los turistas, sus estrechas calles están atascadas de coches, es un puro caos. No hay razón para quedarse más tiempo del necesario.

Mi cuerpo y mi mente siguen bien. He perdido algunos kilos, pero esto no afecta a mi rendimiento. ¿El tobillo? ¿Me pasa algo en el tobillo?

El camino a la capital

Me estoy acercando a Ciudad de México, lo que es evidente por las colas cada vez más densas de coches. La siguiente parada es Santiago de Querétaro, una gran ciudad con ochocientos sesenta mil habitantes. Tiene un centro histórico muy bonito y a él dedico unas horas durante la pausa para comer.

Más allá de Santiago, el tráfico se convierte en un infierno. La autopista de seis carriles con un amplio arcén es la única opción segura; incluso aquí, a pesar del ruido infernal y los gases de los tubos de escape, hay compañeros de viaje que lo hacen. Yo ya he tenido suficiente después de tres días. Siempre me dijeron que la autopista era la única ruta segura hacia la capital, pero un ciclista que se queda a mi lado un rato me aconseja tomar una carretera secundaria por las montañas, que también es segura. Después de días de ruido de tráfico ensordecedor, estoy listo para ir a por ello. A mitad de camino, giro a la derecha.

Decisión correcta. La ruta transcurre por hermosas carreteras pequeñas a través de las montañas marginales que rodean Ciudad de México. Una empinada subida nos lleva a mí y a mis compañeros de carrera —porque son muchos— a la Villa del Carbón y luego a casi dos mil novecientos metros. En la subida llevo la vista fija en un punto, tengo que detenerme un momento, porque las enormes dimensiones de la metrópolis me dejan sin aliento. Abajo, un mar de casas se extiende sin fin, excepto donde la ciudad se encuentra con las montañas. «Así que quiero pasar por aquí mañana...», me digo. Una locura, pero también inevitable, porque no puedo atravesar México y saltarme la capital. Me siento un poco mareado. Por otro lado, ¿qué podría pasar?

A partir de ahora es cuesta abajo, pero afortunadamente solo en el sentido literal. Al anochecer llegamos a las afueras de la ciudad, el barrio de Nicolás Romero. Cada vez más corredores se unen a nosotros. Uno de ellos me invita a cenar en su restaurante y a pasar la noche en su casa.

Antes de la Villa del Carbón, se me une un joven que en realidad solo quiere correr cinco kilómetros. No llevaba nada encima, ni dinero, ni muda, ni teléfono móvil; solo él y sus zapatillas de correr. Sin embargo, no se dio la vuelta como pretendía, sino que se animó tanto que se quedó conmigo durante los cuarenta y ocho kilómetros, hasta Nicolás Romero, donde el dueño del restaurante lo acogió junto a mí. Ahora, en lugar de volver al día siguiente, quiere continuar y llegar conmigo hasta Ciudad de México.

¿Es este el «efecto Jonas» del que suele hablar Roberto? Ciertamente no, el enorme interés público es un amplificador que no debe subestimarse. Sin embargo, experimentar cómo la gente abandona su zona de confort, echan por la borda sus recelos y simplemente deciden hacer lo que les parece correcto, me llena de alegría, más aún cuando actúo como catalizador en el proceso.

Ciudad de México
Leonardo se une de nuevo a nosotros durante cuatro días, lo que me hace inmensamente feliz. Roberto, que está en su casa, graba,

fotografía y también me ayuda a comunicarme con los numerosos grupos de corredores, medios de comunicación e instituciones que se interesan por mí. Así que todo está bien organizado, la escolta policial está preparada, los compañeros corredores están ahí... Vamos a conquistar la gran ciudad.

Entramos por la autopista urbana de doce carriles, en la que hay mucho tráfico. Estamos bien protegidos por varios vehículos de la policía y los coches de los medios de comunicación, pero soportar el ruido constante y los gases de los tubos de escape roba mucha energía.

Cuanto más nos acercamos al centro, más gente se une. Caminamos por el parque de Chapultepec, el pulmón verde de la capital, y por el paseo de la Reforma con sus grandes plazas decoradas con fuentes y estatuas. Hasta el Zócalo, la plaza central, donde está la catedral. Precisamente hoy se celebra un gran evento para conmemorar la caída de la antigua capital azteca, Tenochtitlán, y con ello el nacimiento del México moderno, hace exactamente quinientos años. Muchos indígenas con trajes tradicionales están

presentes, bailando y haciendo música. Estoy bastante contento de que la atención no se centre solo en mí. La televisión nacional informa de todos modos y concedo algunas entrevistas.

Después, me alejo tranquilamente de todo el bullicio y me voy con Leonardo a casa de Roberto, que vive cerca. Nos sentamos juntos y nos damos un pequeño banquete privado hasta altas horas de la noche. Tenemos mucho de que hablar.

A la mañana siguiente salimos del Zócalo, de nuevo con escolta y apoyo en carrera, incluso de la Unión Nacional de Triatlón. Tardamos todo el día en salir de la ciudad por la autopista de doce a dieciséis carriles. La travesía de Ciudad de México duró unos increíbles ochenta kilómetros y dos días. Recorrer por completo una de las mayores ciudades del mundo —incluidos los barrios marginales de la periferia— es una experiencia muy especial. Sin embargo, no me quedan ganas de repetir.

Nos quedamos en la autopista que sube a las montañas que separan Ciudad de México de Puebla, justo después de los límites de la ciudad. La subida de veintitrés kilómetros nos lleva por el puerto de Llano Grande hasta los tres mil doscientos metros, el punto más alto de mi vuelta al mundo. Los dos volcanes, el Popocatépetl y el Iztaccíhuatl, se alzan a la derecha, pero desgraciadamente están casi siempre envueltos en niebla, solo pueden verse de vez en cuando. No veo humo ni fuego, pero sí nieve en la cumbre. Habiendo experimentado el clima mexicano, entre cálido y caliente hasta ahora, esta temperatura resulta sorprendente. Desde el puerto hay una bajada constante hasta Puebla, a sesenta kilómetros de distancia y mil trescientos metros de altitud. Leonardo completa los cuarenta y ocho kilómetros, lo que es ya su quinto maratón. Me alegro por él, ha conseguido una cantidad increíble de maratones en poco tiempo. Lamentablemente, tiene que volver a Tijuana después. Pero promete volver a reunirse conmigo más adelante.

Puebla, ciudad de las delicias

Unos kilómetros antes de Puebla me encuentro con una multitud especialmente numerosa. Los equipos de la filial mexicana de mi

socio Hoffmann Group y de mi patrocinador ON (que me ha proporcionado las zapatillas para correr) están allí esperándome, junto con otros corredores y ciclistas. Así que llego a la ciudad con un largo séquito. En el centro me espera un enorme ajetreo, con cinco canales de televisión, radio y periódicos. Por ello, muchos reportajes sobre mí se emiten por la noche o aparecen en las portadas de los periódicos al día siguiente.

Tener que responder a mil preguntas después de un maratón es un reto adicional, pero el apoyo que recibo merece la pena, aunque me cueste mucha energía y muchos nervios.

Tengo muy buenos recuerdos de Puebla. Hace tres años ya estuve aquí, cuando batí el récord de la Panamericana. En aquel entonces pasaba a toda velocidad, ahora puedo tomarme un poco de tiempo para explorar esta hermosa ciudad. Por la noche, el Grupo Hoffmann invita a cenar a un grupo más numeroso. Una mujer joven se sienta en el asiento vacío que hay entre Roberto y yo. Ya me he fijado en ella mientras caminaba porque sabe un poco de alemán: es Elizabeth, normalmente llamada solo Eli. Empezamos a hablar largo y tendido: es el comienzo de otra gran amistad en México.

Aquí como por primera vez chiles en nogada, una especialidad de Puebla: es un pimiento relleno de carne y muchas especias en una salsa de nueces, adornado con semillas de granada. Un festín de sabores en la boca, increíblemente delicioso. Se convierte inmediatamente en mi nuevo plato favorito. Solo se puede comer en agosto y septiembre, durante la cosecha de nueces, así que llegué en el momento justo.

Ciudadano de honor

Si el ajetreo en Puebla ya era de por sí una locura, los siguientes días lo son aún más. En mi camino hacia Oaxaca, todos los días corren detrás de mí al menos veinte, a veces incluso cien personas, acompañadas de hasta diez coches de policía, motos y una tropa de vehículos de los medios de comunicación y coches particulares. Eli está allí también, quiere correr media maratón ese día.

Mi ruta es mayoritariamente plana, a través del altiplano por una zona agrícola. En todas las ciudades en las que pernocto me reciben el alcalde y los concejales, me invitan al hotel y a cenar. En Tlacotepec, recibo un certificado de ciudadanía honorífica, con ceremonia incluida y un grupo de mariachis que me da una serenata al salir a la mañana siguiente.

A mediodía, de camino a Tehuacán, llego a un pequeño pueblo donde también me ofrecen la ciudadanía honorífica. El alcalde me conduce a través de la multitud al ayuntamiento, donde se ha preparado un opulento bufé. Se aparta conmigo un momento y me elogia, a mí y a mi proyecto. Entonces se pone a trabajar.

—¿Estás casado, Jonas? ¿Comprometido?

—No.

—Estoy encantado contigo. Como sabes tengo una hija en edad de casarse.

Una joven me sonríe desde el otro lado de la mesa.

Eli: mi primer maratón

Con un grupo de corredores que había organizado para mi jefe, un fabricante mexicano de artículos deportivos, acompañé a Jonas en los últimos kilómetros hasta mi ciudad natal, Puebla. Ya lo venía siguiendo en las redes sociales. Me fascinó su proyecto y la constancia con la que lo seguía. Experimentarlo en la vida real superó mis expectativas. Ya había corrido más de cuarenta kilómetros ese día, pero parecía tan fresco como si acabara de empezar. La compostura y la perseverancia que irradiaba hacían que todo pareciera fácil. Se mostró abierto y accesible, hablando y bromeando con nosotros; no era en absoluto el superatleta egocéntrico que yo en realidad esperaba. En la cena, me senté entre él y Roberto y congenié enseguida con ambos.

Junto con Roberto, volví a encontrarme con Jonas en Oaxaca y en Chiapas. Allí corrí mi primer maratón, en condiciones que nunca hubiera imaginado: Junto a Jonas y por una carretera rural. Fue tan duro como inmensamente satisfactorio. Quizá no se pueda dar una cosa sin la otra. ¿Qué aprendí de Jonas? Esperar a que se den las condiciones adecuadas suele ser solo una excusa para no atrevernos a hacer algo que podríamos hacer.

—Es un gran honor para mí, muchas gracias, pero... —balbuceo. ¿Cómo puedo salir de esto de una manera razonablemente educada?

El alcalde está lanzado:

—Tus genes deben ser extraordinarios, si haces lo que estás haciendo. También tenemos buenos genes en nuestra familia, te lo aseguro. ¡Buenos genes! Encajarías perfectamente.

—Bueno, en realidad aún no he pensado en casarme...

—Pero estás en la flor de la vida, Jonas. ¡Tienes que empezar a pensar en formar una familia! Puedes llevarte a mi hija a Europa contigo, por supuesto. Entonces tendré nietos en Alemania, me lo imagino perfectamente.

Me mira expectante y yo pongo cara de contrariedad.

—Realmente no puedo. No tengo nada en contra de tu hija, pero todavía tengo que hacer más de dos mil kilómetros aquí, recorrer cuatro mil kilómetros en bicicleta en Europa... Casarse no encaja en mis planes.

El alcalde baja los hombros un poco decepcionado, pero mantiene la compostura. Comemos juntos en el bufé antes de seguir con mi tropa. La hija ha desaparecido entre la multitud. Estoy seguro de que encontrará un marido digno, tal vez uno que no le asigne su padre, sino que ella misma haya elegido. Se lo deseo en cualquier caso.

En Tehuacán miles de personas se paran a un lado de la carretera cuando paso. Es como una etapa de una carrera ciclista profesional. Una gran multitud espera en la plaza central, la televisión y la radio transmiten mi llegada en directo. Me lanzan preguntas a gritos desde todos los lados y me ponen el móvil delante de la nariz. Todo el mundo quiere algo de mí. Un periodista radiofónico se da cuenta de que me estoy agobiando y me lleva a su estudio, que queda cerca. Allí podré descansar de tanto ajetreo. Me hace una entrevista, bastante relajada.

Me invitan un senador y un diputado a la segunda ciudad más grande del estado de Puebla. Ceno con ellos. Han organizado una escolta adicional fuertemente armada de la Guardia Nacional para el día siguiente, además de la policía municipal. En realidad no sería necesario tanta marcialidad, pero aquellos señores me quieren demostrar lo que pueden hacer. De los muchos corredores que están a mi lado en el transcurso del día, que se unen a mí y luego se marchan, destaca uno, que va ataviado con el traje de un guerrero azteca. Es el único que dura los cuarenta y dos kilómetros. ¡En sandalias! Tiene muchas ampollas en los pies por la noche, pero también muchos motivos para estar orgulloso.

Regalos y más regalos

Los numerosos reportajes en la televisión y en los periódicos también han hecho que se una a mí más gente en mis redes sociales. Algunas de mis publicaciones tienen un alcance de hasta un millón. En el mundo real, esto se traduce en que los que me esperan a los lados de la carretera me hace regalos constantemente. La mayoría son bebidas, de todo tipo, y mucha fruta.

En principio, podría tomártelo todo, pero es demasiado. Además, la situación está empezando a crearme problemas. Después de Tehuacán, paso por una zona de melones, por lo que me ofrecen melones constantemente... Cuando ya llevo seis en el remolque, una mujer viene detrás de mí y añade otros dos. Siento los kilos de más a cada paso. Ya he acumulado quince botellas de bebida. No aceptar los regalos ofendería a la gente, pero ¿qué voy a hacer con ellos? Mi remolque pesa cada vez más. Tampoco puedo deshacerme en secreto de estos regalos bienintencionados. ¿Comerme ocho melones? Es demasiado. Estas reservas me podrían durar hasta el final del recorrido.

Por la tarde, el último kilómetro de la etapa se empina hasta la meta. La carretera está llena de gente, como suele ocurrir, y todos quieren hacerme más regalos. Casi no puedo subir porque mi remolque pesa ahora más de treinta kilos. Pero bien está lo que bien acaba: alcalde, comida, hotel. Me escapo por los pelos de las estribaciones de un huracán que azota el Caribe y que seguirá descargando torrentes de agua hasta aquí. Por la noche, con la ventana abierta, oigo la lluvia.

Abejas

De camino al estado de Oaxaca, la ruta desciende de forma constante. Desde el altiplano, a casi dos mil metros, baja hasta unos quinientos metros sobre el nivel del mar, pero con contraescaladas que son bastante pronunciadas. La diferencia de tiempo se nota claramente, cada vez hace más calor y humedad. Los chubascos siguen siendo frecuentes, son los efectos del huracán. Traen consigo un poco de enfriamiento en el ambiente y también aumentan la humedad.

En la frontera de Puebla a Oaxaca cientos de personas se paran a lo largo de la ruta. La televisión transmite en directo. El entusiasmo de la gente no tiene fin, incluidos los escoltas de la policía y la gente que viene corriendo.

Por la tarde, un grupo de abejas ataca por sorpresa y con agresividad al grupo de corredores. Algo debe haberles pasado en su colmena. Todo el mundo intenta escapar. El enjambre nos persigue durante cientos de metros. Por suerte, el coche de escolta de la policía está cerca. Me desabrocho el cinturón de seguridad de mi remolque, salto dentro y cierro rápidamente la puerta. A mí me han picado cinco o seis veces, para algunos ha sido peor aún. Nunca me ha pasado nada parecido.

Mis compañeros de maratón han perdido el ánimo y el grupo se dispersa. Solo uno de ellos aguanta con valentía hasta llegar a la siguiente aldea, ya por la noche.

Oaxaca

Ahora se trata de volver a escalar. Tengo que superar la cordillera de la Sierra Madre del Sur antes de bajar hasta el Pacífico. Hace mucho calor, pero la belleza del paisaje lo compensa totalmente. Se ha vuelto más accidentado y árido, con profundos cañones y empinadas subidas en las que se abren vistas abrumadoramente amplias.

Oaxaca tiene una cultura propia. La mayoría de la gente es de ascendencia indígena y está vestida de forma vistosa, pero también es notablemente más pobre, lo que no le resta calidez. La cantidad

de regalos aumenta. En una ocasión alguien corre detrás de mí en una subida y lanza una bolsa de dos kilos de naranjas en mi remolque. Una etapa muy agotadora esta, que me lleva al pueblo de Cuicatlán. Medio pueblo corre conmigo hasta el centro, donde la alcaldesa y su marido, un senador, me invitan a cenar.

Al día siguiente me espera una desafiante subida de más de mil ochocientos metros. La mayoría de mis veinte compañeros abandonan después de los primeros kilómetros, solo uno llega a la cima conmigo. Tengo que luchar con la subida y con mi remolque, que no para de llenarse. En cuanto perdemos de vista a los donantes, les entrego los regalos a los policías, que los reciben encantados. Uno de ellos está tan motivado que corre unos cuantos kilómetros a mi lado. Lo hace ametralladora en mano todo el tiempo, porque está estrictamente prohibido que la guarde.

Después de las etapas de montaña, el último día hasta la ciudad de Oaxaca es relajado, con solo treinta y cinco kilómetros a través de un fértil valle verde. Pero el ajetreo que me espera a la llegada es de aúpa. Muchos corredores y todo un destacamento de policía me acompañan. Al llegar a la plaza principal, frente a la catedral, se da una situación curiosa: varias personas han organizado cada una por su lado mi estancia en el lugar y han reservado en un total de tres hoteles (ninguno de los cuales uso realmente). Me conmueven tantas atenciones. Tras el trámite de seguir el programa oficial, me retiro agotado en cuanto puedo.

Lo más destacado para mí es que mis amigos Roberto y Eli han venido a acompañarme durante tres días. Roberto graba y hace fotos, por supuesto ayudado por Eli. Ambos quieren correr conmigo también. Pasamos la noche con amigos comunes y dejamos que nos enseñen el casco antiguo. Está muy bien conservado, construido en estilo colonial, con numerosas iglesias y plazas.

Tidbit

En la cena se sirve un plato que es la especialidad de Oaxaca, por el que es famosa: los chapulines o pequeños saltamontes. Se fríen o se asan y se comen como aperitivo, pero también se pueden encontrar como ingrediente de tacos u otros platos. No me disgustan. Suelen estar aderezados con lima, chile y sal. Saben un poco a tocino frito y son igual de crujientes. Por supuesto, ni siquiera puedes permitir que el pensamiento «¡Puaj, insectos!» entre en tu mente.

Oaxaca es también el corazón de la producción de mezcal. Mientras corro con Roberto y Eli (y muchos otros) al día siguiente, pasamos por extensas plantaciones de agave, el ingrediente básico del mezcal. En todas partes hay pequeñas destilerías que producen este licor y nos detenemos a comer en una de ellas. El mezcal se sirve para comer, por supuesto. Después me invitan a degustar gusanos. Hay muchas teorías sobre lo que hace la oruga llamada gusano de Maguey en el mezcal. Algunos citan la tradición de utilizar insectos como alimento, otros lo consideran puro *marketing*.

Sea como fuere, en este momento hay varios pares de ojos y varios objetivos de teléfonos móviles dirigidos expectantes hacia mí. ¿No había demostrado suficiente comiendo los saltamontes? Vacilante, me meto el gusano en la boca. Sabe como el mezcal en el que fue encurtido. No está nada mal. Entonces lo muerdo. ¡Aargh!

El gusano estalla y esparce una horrible podredumbre en mi boca. Inmediatamente tomo otro trago de mezcal, pero sigue quedando un regusto desagradable durante un rato.

Esto no me impide seguir mi ruta. El destino de hoy es el pueblo mágico llamado Mitla, donde está prevista la siguiente recepción. Me regalan una bonita camisa y una botella de mezcal. Por la tarde participaremos en una visita guiada a una destilería y nos explicarán con detalle la elaboración del mezcal y los tipos de agave que se utilizan para ello. Muy interesante incluso para alguien como yo, que no sé absolutamente nada de botánica.

Por la mañana, Roberto y Eli me dejan. Espero volver a encontrarme con ellos pronto en Chiapas.

Yo me dirijo hacia las montañas que me separan de la llanura costera del Pacífico. El número de acompañantes es cada vez menor cuanto más me adentro en las zonas remotas. Pronto no hay nadie conmigo, salvo un coche de policía. Durante cuatro días enteros tengo paz y tranquilidad, puedo disfrutar de la naturaleza y reflexionar sobre mí mismo. En estos momentos, sin bullicio, música, encuentros ni distracciones constantemente nuevos, me doy cuenta realmente del increíble viaje que estoy viviendo. Una de

las noches estoy tan alejado de cualquier pueblo que consigo permiso para montar mi tienda en una capilla cercana a la carretera. Dormir a la luz de las velas directamente frente al altar. México siempre tiene sorpresas que ofrecer.

En el Pacífico

Cada kilómetro que me acerca a la llanura del Pacífico me obliga a luchar más contra el calor y el bochorno. Dejé la costa de Sinaloa hace casi dos meses. Es difícil volver a acostumbrarse a estas temperaturas. Los próximos días serán un infierno. Comienzo cada uno de los primeros treinta kilómetros a primera hora de la mañana, pero por la tarde hace un calor tan sofocante que me da dolor de cabeza. Otras veces incluso calambres musculares, algo que no me ocurría desde hacía años.

Para compensar, vuelvo a tener compañeros de ruta, entre ellos uno muy poco habitual: Taylor, un antiguo jugador de fútbol que perdió una pierna debido a un tumor. Me sigue con muletas durante ocho kilómetros y me revela que está entrenando para una maratón. Es increíble la motivación que puede reunir la gente. ¡Mi máximo respeto para él!

Durante cinco días lucho con el calor de las llanuras, desde Tehuantepec, pasando por Juchitán, hasta Arriaga, ya en el estado de Chiapas. El paisaje es tropical, pero nunca me acerco lo suficiente al mar para verlo. Planifico mis etapas de manera que siempre pueda alojarme bajo techo, porque afortunadamente las invitaciones en los pueblos no cambian. Tengo compañía la mayor parte del tiempo. En Juchitán incluso un destacamento policial completo, unos veinte hombres uniformados entonando sus canciones de marcha.

Chiapas

El cruce hacia el estado de Chiapas está perfectamente preparado. La policía, una cadena de televisión y algunos corredores ya están esperando cuando llego. El calor nos está afectando a todos, a los locales no menos que a mí. Cuando por fin llego a Arriaga, la primera ciudad de Chiapas, tras más de cuarenta y siete kilómetros, estoy completamente agotado, así que, a pesar del entusiasta recibimiento, pronto me retiro a mi habitación de hotel con aire acondicionado.

Mi ruta a través de Chiapas conduce a una zona que se supone especialmente pintoresca, pero también peligrosa. Se oye hablar de asaltos: hace tres años alguien agredió a un cicloturista. Hay una confusa mezcla de grupos indígenas que se sienten discriminados y abandonados, bandas de narcotraficantes que quieren afianzarse en la zona y delincuencia relacionada con la pobreza. También se dice que el movimiento autónomo zapatista vuelve a estar más activo. He hablado largo y tendido sobre el riesgo que supone pasar por la zona con Roberto y Eli, que volverán a acompañarme aquí durante unos días. Hemos llegado a la conclusión de que solo podemos coger esta ruta si contamos con escolta policial en todo momento. Afortunadamente, las autoridades me siguen el juego y recibo el apoyo, con lo que decido dar el paso. Después de Arriaga, la ruta vuelve a subir hasta un puerto a setecientos metros. Uno a uno, mis compañeros se despiden, solo un antiguo campeón de ultrafondo aguanta cuarenta y cinco kilómetros. Yo mismo doy por terminado el día tras un total de sesenta y cinco kilómetros, cuando llego a una estación de peaje en la autopista, por la que viajo por razones de seguridad. Me dejaron acampar allí y también me dieron algo de comer. Durante la noche apenas puedo dormir, porque la larga distancia me está afectando mucho esta vez, por no mencionar el hecho de que la tienda está húmeda y el ambiente dentro está cargado.

Empiezo el día siguiente lentamente y me detengo en la siguiente ciudad, después de solo treinta y cinco kilómetros, para recuperarme un poco.

Llego el día siguiente a Tuxtla Gutiérrez, la capital de Chiapas, con quinientos mil habitantes, una verdadera gran ciudad. Más de cien personas me acompañan al entrar. De nuevo me encuentro una gran estación de tren en el centro, una banda de marimba está tocando. La enorme multitud que me rodea lo vuelve todo bastante caótico. Una y otra vez la gente tropieza con mi remolque. Todo el mundo quiere hacerse selfis conmigo. Siento que todo se está descontrolando. Por primera vez me alegro del calor, porque así muchos corredores se cansan pronto y la multitud se va dispersando.

Escenario real

Estoy deseando que lleguen los próximos días, porque ahora sí que me voy a adentrar en las montañas de Chiapas, de cuya sublime belleza tanto he oído hablar. Además, tengo la mejor compañía que podría desear: Roberto y Eli se han unido a mí en Tuxtla Gutiérrez. Correrán a mi lado, harán fotos y grabarán.

Estamos a punto de empezar la etapa real. Tuxtla está a quinientos metros sobre el nivel del mar. San Cristóbal de las Casas, a cincuenta kilómetros, a dos mil doscientos metros. El camino siempre va por la ladera, con una amplia vista sobre el valle. Cuanto más subo, más dejo atrás el calor sofocante de la llanura. Incluso más arriba me atrapa la niebla, ¿o ya son nubes? Cuanto más nos

acercamos a San Cristóbal, más corredores se unen a nosotros. Incluso un policía de la escolta me sigue el ritmo durante más de veinte kilómetros. Cuando llegamos a la ciudad, se desata una tormenta que inunda la carretera. El agua nos llega hasta los tobillos. Me siento muy bien y quiero incluso cantar bajo la lluvia, pero después de caminar cincuenta y dos kilómetros a más de mil novecientos setenta metros de altitud no tengo ya energía para eso. Por la noche recibo otra calurosa bienvenida. Después de la cena doy un paseo por el casco antiguo con Eli y Roberto. Nos tomamos una degustación de mezcal. El final del día es divertido.

Precauciones de seguridad

Ahora nos desviamos hacia una pequeña carretera secundaria hacia Palenque, el gran sitio en ruinas del apogeo de la civilización maya clásica. Esta ruta se considera especialmente peligrosa, en ella se han producido muchos robos en los últimos años. Tengo mi propia seguridad, una decena de policías armados me acompañan a pie y en vehículos en todo momento y velan por mi seguridad en todo momento. Acampar en la selva es imposible. Incluso por la noche, dos guardias con ametralladora se sitúan frente al hotel.

Me resulta difícil juzgar la situación real de la seguridad en esta zona. Las autoridades saben que tengo una presencia mediática en todo el mundo y es comprensible que no quieran titulares negativos, pero el esfuerzo me sigue pareciendo un poco excesivo. Los policías son extremadamente amables, algunos incluso se pasan de entusiastas. Me imagino que este trabajo es uno de los más interesantes y fáciles para ellos, en comparación. Muchos de ellos corren a mi lado en algún momento y se ponen a cantar sus alegres canciones de marcha.

Después de San Cristóbal, la ruta nos lleva primero durante dos días a una altitud de unos dos mil metros a través de bosques de coníferas y campos de maíz. El paisaje me recuerda un poco a la Selva Negra, pero sin los campos de maíz. Detrás de Ocosingo la ruta desciende, a veces a mil, a veces a quinientos metros. Allí me espera la selva, la densidad tropical y cascadas caudalosas. A veces los monos nos pasan corriendo por delante, otras veces solo los oímos chillar. Los habitantes son en su mayoría indígenas mayas que mantienen viva su cultura y sus tradiciones. Este es un México diferente. Aunque todo parece muy pobre, esta parte de mi viaje me parece una de las más hermosas.

Más información

Los hábitos de alimentación también son diferentes. En un lugar se les ocurrió hacerme probar las especialidades locales. El aguardiente de caña no está mal, pero la bebida de maíz y cacao llamada «pozol», muy popular en Chiapas, no me gusta tanto y me duele el estómago el resto del día. Otro manjar local es el guiso de rata, del que se dice que da mucha fuerza... Pero aún no está listo. Por desgracia no puedo esperar, tengo que seguir adelante... De verdad que lo siento... ¡Uf, de menuda me acabo de escapar!

Por la tarde llego a Ocosingo, acompañado por dos docenas de corredores. Una tormenta nos ha empapado y todavía me siento un poco mal del estómago. Miles de personas me esperan en la plaza principal, lo que significa otros tantos selfis. Mi sonrisa adquiere una expresión cada vez más dolorosa. Los policías me rescatan, me suben a la camioneta y me dejan en el hotel, donde puedo descansar.

Por la noche me espera otra especialidad local: el zats, una gran oruga que se come asada como aperitivo. Me han dicho que es muy rica en proteínas. Sin embargo, meterme este gusano en la boca y darle un mordisco me cuesta bastante esfuerzo. Todos me miran con curiosidad. ¡Hmm! No es tan repugnante como el gusano del mezcal, pero, desde luego, me podría haber muerto sin probarlo. Roberto, el capitalino, para quien todo aquí es tan extraño y exótico como para mí, le da un buen bocado y grita:

—¡Delicioso!

Lugares de interés

Los destinos turísticos más famosos aquí son las cascadas de Agua Azul y las ruinas mayas de Palenque. No me pierdo ninguno de los dos. Para llegar a las cataratas tengo que dar un rodeo de cuatro kilómetros fuera de la carretera, pero merece la pena. En la época de lluvias, las cataratas no son azules, como su nombre indica, sino marrones, pero siguen siendo impresionantes. El agua desciende en cascada a lo largo de varios kilómetros y en medio se han formado piscinas en las que se puede nadar. No pierdo esta oportunidad y me lanzo. Mientras me vigilan varios policías. En esta ruta por la selva cálida y húmeda, Roberto y Eli baten sus récords personales: Roberto corre veinticinco kilómetros y Eli completa su primer maratón.

La guinda del día es la llegada a Palenque. Hoy he completado mi centésimo maratón después de noventa y seis días, me he adelantado cuatro días a lo previsto. Visitamos las ruinas y pasamos otra velada muy agradable juntos. A la mañana siguiente, Roberto y Eli se van: deben volver a sus quehaceres habituales.

Otra vez solo

En Palenque he llegado de nuevo a las tierras bajas, y así seguirá siendo hasta que alcance mi destino, Cancún. Todavía me quedan veinte maratones por delante. En realidad, es un juego de niños, teniendo en cuenta lo que ya he corrido. El tramo restante discurre por un terreno completamente llano, con carreteras sin salida que apenas ofrecen variedad. Me esperan temperaturas diurnas de hasta treinta y cinco grados, una humedad muy alta y ninguna sombra. Va a ser muy duro de nuevo, tanto para mi cuerpo como para mi mente.

Aquí y allá me acompañan algunos corredores, pero casi siempre voy solo. Durante dos días más atravieso Chiapas, luego una estrecha franja de diez kilómetros de Tabasco y finalmente llego al estado de Campeche. La escolta policial se ha ido, Campeche se considera seguro. Las calles son amplias, corro por el arcén. Toda mi gratitud para la policía por la protección que me dieron en las zonas inseguras. Ahora todo eso terminó y disfruto de ir solo.

El escenario es realmente muy aburrido. La carretera sigue recta durante cincuenta kilómetros, paso por matorrales e interminables zonas de pasto para el ganado. Muy de vez en cuando hay un cruce o una pequeña curva en el camino, después de lo cual sigue recto durante otros cincuenta kilómetros. Mis distancias diarias varían entre treinta y cinco y sesenta kilómetros, dependiendo del lugar donde pase la noche. Acampar en la carretera es prácticamente imposible porque hace muchísimo calor por la noche. Siempre empiezo por la mañana cuando aún está oscuro, a las seis, a veces incluso antes. Me las apaño razonablemente bien hasta las diez. Luego poco a poco se vuelve incómodo y a partir de las once el calor es insoportable. A veces corro todo el maratón por la mañana debido a esto. Para las etapas más largas, hago los primeros treinta cinco o cuarenta kilómetros por la mañana, luego descanso tres o cuatro horas en un restaurante, hago otra media maratón por la tarde y llego al atardecer.

A través de la península de Yucatán

En Sabancuy llego al golfo de México, lo que supone un cierto alivio. Una brisa constante sopla desde el mar. Endulzo mis descansos en las playas metiéndome en el agua. Llego a Campeche, la capital del estado, tres días más tarde, hacia el mediodía, por lo que tengo tiempo para hacer turismo en el encantador centro colonial.

Luego vuelvo al interior, de nuevo al calor en las carreteras rectas muertas. Lo más destacado es la primera señal que indica Cancún: faltan 476 kilómetros.

Solo Mérida, a la que llego después de tres días, aporta algún cambio. La ciudad más grande de Yucatán fue una de las más ricas del mundo en tiempos coloniales. Gran parte de su antiguo esplendor aún puede verse. Disfruto de una recepción con el alcalde, que me regala una pirámide y un palacio de piedra, hermosas piezas, pero poco prácticas para mí: cada una pesa sus buenos cuatro kilos. Se los regalo a las personas que me han alojado en Mérida y quedan encantados.

Una de las siguientes tardes llego a un cenote, uno de los frecuentes pozos de agua subterránea por los que es famoso Yucatán. La gruta ya está cerrada, pero los propietarios tienen la amabilidad de volver a abrirla para mí. Puedo nadar en él y acampar al lado. Un maravilloso refresco dentro de un despiadado calor.

El hecho de que me acerque al final hace que la cobertura mediática aumente y que aparezca más escolta policial. Eso también es bueno, porque mientras tanto he cambiado de la autopista a una carretera estrecha y paralela, y así puedo aprovechar la protección policial contra el tráfico. Ahora solo llevo en mente llegar a mi destino, así que me salto la visita a la famosa pirámide maya de Chichén Itzá y solo me detengo en Valladolid, la última gran ciudad antes de Cancún, para pasar la noche.

Día 177

La última parada es en Leona Vicario, un pueblo a cuarenta y dos kilómetros del centro de Cancún. Tengo apoyo para el gran final: han venido Leonardo de Tijuana, Roberto de Ciudad de México y

Eli de Puebla. Markus y Daniel se han desplazado desde Alemania para grabar, también Martin, uno de los coautores de mi libro. Markus se ha traído a su hija de ocho años, porque quiere regalarse unos días de descanso después. Estoy especialmente contento al saber que mi padre se ha subido a un avión para estar presente en este gran día. La última vez que lo vi fue durante la etapa de natación en Croacia. Desde entonces he estado en estrecho contacto con él. Tenerlo aquí conmigo es una gran suerte.

Estoy lleno de ilusión, pero sorprendentemente no estoy tan emocionado como hubiera esperado. Casi parece un día más de carrera de tantos que ya he hecho.

La salida está prevista para las seis de la mañana, pero se retrasa un poco. Hoy es el cumpleaños de Markus, hay tarta, así que el desayuno se alarga. Cuando salgo del hotel y me uno al remolque, el sol ya ha salido. Leonardo, Eli y Markus me acompañan al principio. Mi padre caminará a mi lado un poco más tarde. Ya tiene más de sesenta años, pero está en plena forma.

Rápidamente encuentro mi ritmo de carrera habitual y guardo mis energías, porque la última etapa de hoy tiene más de sesenta kilómetros, otra hazaña. Mi destino no es la ciudad de Cancún, sino que tengo que hacer veinte más hasta Playa Delfines, una de las muchas de la franja kilométrica que hay detrás de Cancún. Aquí es donde se desarrolla la mayor parte de la vida turística. Los numerosos complejos hoteleros han dado nombre a la franja entre la laguna y el mar Caribe: es la zona hotelera.

A partir de los exteriores de la ciudad empieza a aparecer cada vez más gente al lado de la carretera, haciendo fotos y grabando. Pero de la gran multitud que se esperaba no he visto nada hasta ahora. En cambio, la presencia policial ha aumentado considerablemente. Detrás de mí hay una camioneta con luces azules, con un banco en la parte trasera donde pueden sentarse los fotógrafos y los corredores que se cansen. Detrás y delante de mí hay otro coche de policía y todos los cruces están bloqueados por policías en moto.

Después de cuarenta kilómetros, hago una pausa para comer en un restaurante y me estiro en el suelo durante media hora después de comer. En esos momentos es importante poder aislarse del entorno para encontrar la paz. Intento no pensar en nada, ni en los muchos pasos que hay que cubrir hasta llegar, ni en el ajetreo de la llegada, ni mucho menos en la habitación con aire acondicionado y cama blanda que me espera esta noche, por muy lejos que esté. Me sumerjo en una siesta de unos veinte minutos. Todavía tengo una media maratón por delante cuando continúe por la tarde.

En la transición a la zona hotelera, un grupo más numeroso me espera, en parte en bicicleta y en parte a pie, y me saluda con fuertes vítores. A partir de ahora, ¡hay que celebrarlo! El tráfico ha aumentado considerablemente. El humo de los tubos de escape me llega a la nariz, los camiones y los autobuses pasan a mi lado, el grupo de corredores canta y corea eslóganes. Escucho: «¡Vamos, Jonas, vamos», o incluso: «Corre, Forrest, corre», me gritan desde las ventanillas de los coches. Todo esto es una carga y una motivación para mí al mismo tiempo. Una persona con un traje azul de

fantasía camina a mi lado, una mujer policía uniformada que solo lleva unos simples zapatos de calle. Mi padre, Leonardo, Eli... A veces están allí, a veces se quedan atrás. Doy un paso a la vez, asegurándome de que mi remolque se mantiene recto en el camino.

Corro los últimos kilómetros como si estuviera en trance. Entonces aparece ante mí una nueva multitud, de nuevo cientos de personas. Dos chicas sostienen una pancarta a modo de cinta de meta, yo alzo los brazos, corro a través de ella... Está hecho.

Me encantaría bajar a la playa ahora mismo y lanzarme a las olas, pero no es posible por ahora. Me colocan delante de un colorido cartel con el nombre de la ciudad, con la playa y el mar de fondo. Me ponen un sombrero. El alcalde me recibe con tanto brío como solemnidad. Los fotógrafos, las cámaras de televisión y muchas otras personas se agolpan a mi alrededor. Sonrío y saludo, miro a izquierda y derecha cuando me llaman, doy entrevistas.

Debería estar completamente agotado después de esta carrera, y probablemente lo esté, pero no lo siento en este momento. La euforia de haber completado ciento veinte maratones en ciento diecisiete días me embarga.

En algún momento se tiran las últimas fotos y la multitud se dispersa. Bajo de mi plataforma, pongo el remolque de lado y atravieso la playa directamente hacia el mar, que me recibe con el agua cálida del Caribe. Con los brazos extendidos y una sonora carcajada me dejo caer. Todo se vuelve infinitamente ligero. En el horizonte, un gran arcoíris se levanta entre las nubes de tormenta y, cinco minutos después, un fuerte chaparrón me cae encima. Hollywood no podría haberlo hecho mejor. Un final así probablemente habría sido incluso demasiado *kitsch* para una película.

Poner los pies en alto

La autoridad turística de Cancún nos ha invitado a mí y a mi *séquito* a un hotel directamente en la playa para los próximos días, lo que acepto con gusto. Después de todo el esfuerzo, me permito darme un pequeño lujo. Me tomaré unas semanas de descanso e intentaré aprovechar la escasa posibilidad de encontrar un barco que cruce después de todo. Los marineros que cruzan el Atlántico ya no se mueven durante la temporada de huracanes y sigue habiendo una estricta normativa debida a la pandemia para los buques de carga, pero quién sabe lo que puede aparecer... Y, por supuesto, necesito que mis tejidos se regeneren durante este tiempo. Los meses en México han sido maravillosos, pero sin duda también me pasarán factura. He perdido unos ocho kilos durante ese tiempo. Para la última etapa en bicicleta no espero esfuerzos comparables, después de todo esa es mi deporte habitual. Pero no está de más fortalecerse un poco antes. Y México es de una belleza única. Me he enamorado de este país y de sus gentes, sin duda volveré pronto.

De vuelta a Europa

Cuatro mil kilómetros rodando con tranquilidad

Estoy en Mértola, cerca de la frontera luso-española. He pasado dos días y medio sobre mi querida bici.

Tras fracasar todos los intentos de cruzar el Atlántico en barco, el 29 de octubre tuve que coger un avión rumbo a Lisboa. Mi bici ya me estaba esperando, al igual que Markus, que me acompañó de nuevo durante los siguientes días. Como no se nos permitía utilizar los grandes puentes de la autopista sobre el Tajo con nuestras bicicletas, tomamos el ferri, cruzamos la península de Setúbal y luego seguimos la dramática costa atlántica hacia el sur por pequeñas carreteras, en parte sin asfaltar. Mientras tanto, nos dirigimos hacia el interior a través del paisaje montañoso del Baixo Alentejo hacia la frontera española, a la que llegaremos esta tarde.

Todavía me quedan algo más de tres mil quinientos kilómetros por delante antes de llegar de nuevo a Múnich, a finales de

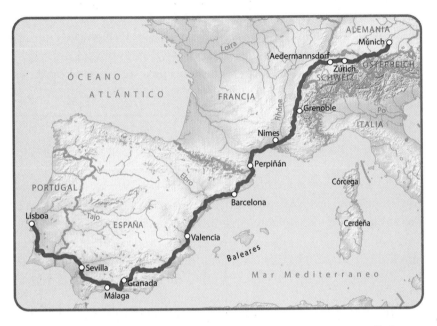

noviembre, donde empecé hace poco más de un año. ¡Solo un año! Con todas las experiencias que he tenido y las personas que he conocido, parece mucho más tiempo.

Para esta última etapa he elegido una ruta que no me lleva de Lisboa a Múnich por el camino más rápido, pero que me ofrece algunos otros encantos paisajísticos de Europa. Desde Portugal entro en Andalucía y luego, paralelamente a la costa mediterránea española y francesa —con desvíos hacia la montaña—, a la Provenza. Allí me espera el Mont Ventoux, una montaña legendaria cuya cima desnuda (mil novecientos nueve metros) es atravesada regularmente por el *Tour* de Francia. Dominar la empinada subida de más de mil seiscientos metros de altitud es una ardua tarea para todo ciclista. A continuación, la ruta atraviesa la parte occidental de los Alpes y las montañas del Jura, adentrándose en Suiza. Finalmente pasa por el lago Constanza hasta llegar a Múnich. El recorrido exacto depende de lo avanzado que esté el invierno en las montañas.

Unos días antes de llegar a Múnich, me espera otro gran momento en Aedermannsdorf, en el cantón de Soleura. Mi padre vive allí y ya me ha dicho que toda la comunidad estará en pie cuando pase. ¿Tocará la banda de los bomberos? ¿Recibiré un certificado de ciudadano honorífico? En cualquier caso, seguro la acogida es muy cálida.

Por fin, el final del viaje: Múnich, Odeonsplatz. Me imagino cómo podrá ser ese momento...

En las afueras de la ciudad, los primeros amigos y conocidos me esperarán para acompañarme en los últimos kilómetros en bicicleta. Iremos en dirección al centro de la ciudad y pondremos contra las cuerdas a los automovilistas de Múnich una y otra vez. Probablemente incluso la televisión estará allí en directo. Atravesaremos el casco antiguo hasta la Residenzstraße, los últimos metros antes de la meta. Pasaremos la Feldherrnhalle y giraremos en la Odeonsplatz. Sacaremos las zapatillas de los pedales y nos detendremos. Me darán unas palmaditas en la espalda.

—Lo has conseguido... —me susurrarán algunos.

—Qué locura... ¿Te das cuenta de que has hecho? —me dirán otros.

Un montón de gente nos rodeará: amigos, familiares, algunos de los que me siguen de Múnich y de muchas partes del país. Nos abrazaremos y derramaremos algunas lágrimas. Me harán fotos con sus móviles y algunos selfis. Los periodistas me tenderán los micrófonos desde la multitud y me gritarán preguntas que apenas podré entender en el barullo, y mucho menos responder. Pediré a los transeúntes que se aparten un poco para poder hacer exactamente lo que he estado planeando durante semanas: agarrar el cuadro de Esposa con ambas manos y levantarla en el aire. Eso es lo que hice al final del largo viaje en bicicleta por el Pacífico, y es lo que haré de nuevo... A lo largo de los meses, esta idea siempre ha estado en mi mente. Ese último momento me ha llevado a través de constantes tormentas de lluvia y nieve, y a través de innumerables kilómetros de asfalto caliente en México. «Lo conseguiré —decían esas imágenes en mi cabeza—. Seré la primera persona en superar este reto».

Pero, cuando pienso en ello ahora, me invade la melancolía, incluso la tristeza. ¿Es hora de decir se acabó? Me puse en marcha aquel lluvioso día de septiembre de 2020, sin saber qué esperar de los meses venideros y, ahora que estoy a punto de terminar, me pregunto si no preferiría volver a la salida, quedarme allí con toda la emoción y la expectación, y recorrer los primeros metros sobre la bicicleta.

Mientras pedaleo, kilómetro tras kilómetro, y continúo hacia mi objetivo, una sonrisa aparece en mis labios. Aunque esta aventura terminará pronto, ya tengo nuevas ideas. El mundo aún me sugiere muchos retos, lo único que tengo que hacer es afrontarlos. Me tomaré mi tiempo hasta concretar estas ideas en planes, pero el próximo reto llegará, eso seguro.

De todos modos, mis viajes nunca terminan realmente, porque llevo cada uno de sus momentos y encuentros guardados a salvo dentro de mí. Esa es la magia de los recuerdos y las experiencias. Todo lo que experimentamos se queda con nosotros el resto de nuestra vida, en lo más profundo de nuestros corazones.

Y allí está a salvo.

Llegada a la Odeonsplatz de Múnich el 29 de noviembre de 2021. Mi Esposa y yo recibimos una acogida entusiasta. Mi alegría no tiene límites.

Este libro se terminó de imprimir en el mes de diciembre de 2022
en QP Quality Print Gestión y Producción Gráfica, S. L.
Molins de Rei (Barcelona).